“破”浪A股

金牌投资顾问教你波浪理论这么用

马 欣 著

中国经济出版社
CHINA ECONOMIC PUBLISHING HOUSE
·北 京·

图书在版编目（CIP）数据

“破”浪A股：金牌投资顾问教你波浪理论这么用 / 马欣著 .—北京：中国经济出版社，2021.1（2022.11重印）

ISBN 978-7-5136-6376-2

Ⅰ.①破…　Ⅱ.①马…　Ⅲ.①股票投资—基础知识　Ⅳ.①F830.91

中国版本图书馆CIP数据核字（2020）第196901号

责任编辑　姜　莉
责任印制　马小宾

出版发行　中国经济出版社
印 刷 者　北京建宏印刷有限公司
经 销 者　各地新华书店
开　　本　710mm×1000mm　1/16
印　　张　14
字　　数　200千字
版　　次　2021年1月第1版
印　　次　2022年11月第2次
定　　价　79.00元

中国经济出版社　网址 www.economyph.com　社址 北京市东城区安定门外大街58号　邮编 100010

本版图书如存在印装质量问题，请与本社发行中心联系调换（联系电话：010-57512564）

序一

人的一生是短暂的，如何过，有不同方式。但成功者都有一个共性，那就是拥有积极进取的人生态度。对事业的态度，在很大程度上决定了一个人能否成功。中国的传统文化教育我们，“只要功夫深，铁杵磨成针”。无独有偶，美国畅销书作家 Daniel Coyle（丹尼·科伊尔）在拜访世界上最成功的各类人士后总结出“一万小时定律”，即做任何事情，只有坚持至少一万小时才能成为该领域的专家。回顾从事金融工作以来的二十载，不论是在纽约、伦敦，还是在北京、上海、香港，我遇到很多金融界人士，每个地方都有做得很不错的，尽管其中有些人只是短期而言。不过，我最敬佩的还是那些能潜心研究市场、积极向上的人士。不论他们的结论是否成立，其对业务的钻研态度都令人赞叹，他们都是我的老师。

在美留学工作近 20 年后，我回到国内，立刻感受到国内人士对于金融的高度关注。华东师范大学社会调查中心曾发布《大学录取分数最新五年总排名（2013—2017）》。我的母校，具有百年历史的北京师范大学仅仅列在第 15 位。我们知道，高校录取分数与考生对其兴趣程度密切相关。清华大学原副校长施一公教授曾经说过，在清华，70%~80% 的高考状元选择的是经济管理专业，而自己最想培养的学生都希望去金融公司。作为对比，2015 年，我国香港 2/3 的核心科目和选修科目最高分获得者均希望就读医科。而美国国际教育研究所的数字表明，2018 年全球在美留学生所学最热门的专业是工程，占比达 26.1%。我对施校长的惋惜心情表示理解，我的本科也是学的数学专业。小时候，作为中学老师的母亲总是说，学好数理化，走遍天下都不怕。虽然我是一名资深金融从业者，但我个人是不赞同大学生选择金融、经管专业的，即便未来希望从事金融工作，也不需要在本科就选择经管、金融专业。我的女儿学的是工科，她 19 岁在美国加州大学伯克利分校读博士的专业是电子工程。我不是说本科学金融不好，而是当一个国家的绝大多数聪明人都集中到金融一个专业时，就明显存在问题了。事实上，金融工作需要坚实的数学基础。

我带着兴趣，拿到马老师的书稿。从马老师的经历中，大家可以看到他已经从事证券工作近 30 年，并且一直以来充满激情地、兢兢业业地对波浪理论进行研究。而我虽然也从事金融工作，对技术投资却知之甚少。这本书给我以启发和收获。“世界上怕就怕认真二字”。在这繁杂喧闹的世界里，马老师潜心学习、写作，难能可贵，体现了他对业务的认真态度，这无疑是成功的基础。在此感谢马老师给我学习波浪理论的机会，也希望各位读者能在自己的实践中用上马老师的理论和经验并加以突破，比如，书中分享的一些体会可以通过数学来进行量化，有兴趣的读者可以试一试。

最后，祝大家投资成功。

郭杰群　宁波（中国）供应链创新学院院长、博士生导师

2020 年 8 月

序二

欣闻马老师力作付梓，倍感慰怀。他浸淫技术分析领域多年，此书当作为其从业经验汇总，继往开来之里程碑。梅兰竹菊向来为国人感悟励志之君子。多年来，马老师如青竹一般，默默耕耘；如今新书出版，更如春笋冲出地面，我们希冀它能够枝繁叶茂。

我与马老师是校友，但初识却是工作之后的事情。大概在 20 世纪末，那时马老师在大连电视台生活频道《天天证券》栏目做嘉宾，每晚为股民讲解市场。后来我调任离开大连，渐渐少有联络，只作为同行，了解到他仍在业界打拼，辗转于研发、自营、资管等诸多投资岗位，积累了深厚的市场经验。直到马老师来到北京，我们又重新走到一起，并成为同事。应该说，马老师从事证券工作近三十年，专业方面，无论是分析研究还是实操，都有所建树。手头这本《“破”浪 A 股：金牌投资顾问教你波浪理论这么用》汇集其多年在技术分析领域的研究成果，解决了很多初学者感到迷茫的实际问题，属于不可多得的、理论与实践相结合的技术专著，在众多证券书籍中独树一帜。我虽然在技术分析领域仅得一鳞半爪，相对更擅长基本面分析，但对于马老师这样在技术分析方面学有专长的人却非常钦慕。

借此机会，向各位同仁以及所有的业界朋友倾力推荐本书。从某种意义上说，本书不仅是马老师个人心血凝就，更是国内业界研究成果的一次展示，它为沉寂多年的国内技术分析研究领域吹来清新之风。我认为，中国资本市场有着与众不同的特点，在进行基本面分析的同时，对中国市场的高周转、高波动也需要深入研究，以找出其规律。以此而言，本书为大家提供了一个非常好的工具。期待我司朝气蓬勃的年轻投资顾问能认真学习、得其所长，从而帮助广大投资者认识趋势，更好地把握中国资本市场崛起的历史机遇。

张昕帆　中信建投证券股份有限公司董事总经理

2020 年 8 月

感　恩

证券入行启蒙恩师	陆争鸣先生
波浪理论启蒙恩师	许沂光先生
波浪理论授业恩师	刘家利先生
股票操作授业恩师	许立俊先生
威科夫理论授业恩师	孟洪涛先生

以及在我人生道路上传授知识、开启智慧、哺育成长的所有老师

缘 起

子曰：述而不作，信而好古。古人诚不我欺，然今人或谓我标新立异，并以此为新境界。其实天下熙熙，皆为利来；天下攘攘，皆为利往。投机如山岳般古老，古往今来，多少人为此趋之若鹜。今人虑及之事，古人早已了然于心，故子又曰：吾尝终日而思矣，而不如须臾之所学也。而今市场风云多变，人心浇漓，能解古人者，有几人欤？

就波浪理论来说，俗谓千人千浪，以至于面目全非，贻误后学。当今流传的各种版本书籍，大致可以分为两部分：一部分是译著，采用的图解均针对国外市场，国人读来生疏；另一部分为国内人士编著，不免鱼龙混杂。最大问题莫过于，已经全面掌握了某一事物的人，在为一个对此事物从无了解的人讲解该事物细节的时候，总是忘了对方头脑中还没有建立起对该事物的基本认识，直接视对方对于该事物已经形成了同样的概念。这样的结果，一个是鸡同鸭讲，另一个是会错其意。因此，我以上证指数 30 年来历史走势为主要素材，希望能够撰写一本普及波浪理论基本知识、诠释波浪理论精华的手册，供国内有志于研究金融市场的初学读者按图索骥。出于这种考虑，本书在内容结构设计上更贴近读者理解学习的需求，争取让初学者从一开始就在头脑中建立一个波浪的概念，而非建立一个严谨的理论体系。

对于本书在众多阐述波浪理论的书籍中所处的位置，我们可以仿照藏经的划分方法来看。如果说《艾略特波浪理论：市场行为的关键》（以下简称《市场行为的关键》）一书可以作为波浪理论的经律，那么其他的波浪理论书籍可以视为论藏。经律阐述宏旨，而论藏为历代各家从不同维度对经律进行诠解。在论藏中，又主要分为疏和钞。疏即疏通，钞及钞通。疏就是针对经律宏旨缺乏理解而展开的解释。钞是在疏给出了解释之后仍存迷惑时，进一步从更多方面进行解释说明。用股票方面的术语，疏类似首发，而钞类似增发。我们以国内市场上现存的相关书籍举例说明：

经——《市场行为的关键》《艾略特名著集》；

疏——《利用波浪理论获利》等；

钞——《"破"浪A股：金牌投资顾问教你波浪理论这么用》（本书）等。

这样，也许读者就可以理解本书写作的目的——我在上学时，从《中国革命史》教材中学到了一句话，可以套用在这里：把马列主义基本原理，同中国革命的具体实践相结合。

我的波浪理论学习经历

1993年夏天，我大学毕业，被分配到大连的一家证券营业部当大户室管理员。当时沪深两交易所开业尚未满三年，在一个新兴行业里，无所谓新人老人，大家都站在同一个起跑线上。某天与客户聊天，他说了一番语重心长的话，提点了我。他的大意是说：他们年纪都已经很大了，对新生事物接受慢，我刚参加工作，这么年轻，又是大学毕业，文化程度高，应该抽时间多学习专业知识。我虽然懵懂无知，但也体会到其为金玉良言，就问：我该学点儿什么呢？因为证券市场初创，百业待兴，尤其在大连，证券行业有关资料奇缺，当时我们主要看报纸，而且通过邮寄发送，只能是第二天看前一天的报纸。他点拨我说："你学学波浪理论，这东西我看不太懂，但感觉很有用。"于是，我就在营业部门口的地摊上买了一本蓝色封皮的《波浪理论》(内部资料)。在今天看来，书中至少图例大多数都来自《市场行为的关键》一书。不管怎样，这是我第一次接触到波浪理论。可惜的是，尽管那个客户朋友认为我孺子可教，还赠送一支钢笔作为勉励，但说实话，我当时真没看懂书里到底在说什么。

三年后，证券市场再次迎来久违的牛市，在这一过程中，香港的许沂光先生因为准确预见了牛市的到来，一时风头无两，也带动了国内研究波浪理论的热潮。1998年底，我在报纸上看到了许先生在天津举办波浪理论培训班的广告，就向领导请示参加学习。领导派我和另一位同事一起报名参加了这次为期十天的天津培训。这是我第一次系统学习波浪理论，记得当时还交了2000多元学费。想想还是挺惭愧的，因为单位这个钱算是白花了，尽管也拿到了培训合格证，照了毕业照，但是我依然没搞懂波浪理论。

2003年初的某天，跟一位客户大姐聊天，慨叹大连这个地方是文化沙漠，自己想学习专业知识，却找不到合适的老师。这位大姐说，我能给你找个高水平老师，我的大学同学，是做期货的，懂波浪理论。大姐给我介绍了她这位大学同学刘家利老师的传奇经历。她说，刘老师原来是一个土石方工程的最底层承包商，结果上线突遭变故离世，导致工程款无法结算，几近破产。无计可施时，大学同学们凑了5万元给他，让他东山再起，并且告诉他，听人说做期货挣钱最快，让他去开户炒期货。刘老师上午开好了账户存入资金，到下午，5万元资金已亏损殆尽。连遭打击之下，刘老师没有灰心丧气，反而认为同学们说得对，期货确实是挣钱最快的行当，假如当时反方向开仓，当天就可以翻倍。从此他潜心钻研，并于波浪理论领域颇有建树。我听了刘老师的传奇经历，很感兴趣，和大姐一起见了刘老师，重新开始学习波浪理论。

这次学习的时间比我想象的要长。刘老师说：“你以自学为主，遇到不会的问题来问我”。教材就是《市场行为的关键》。这本书在国内再版多次，很多相关书籍里面的图例都源出于此，影响力无出其右。作为当代波浪理论掌门人的著作，属于绝对经典。但其特点是极其枯燥乏味，加之翻译语句并不流畅，一般人阅读此书，必然头大。在入行十年后，终于得遇明师指点，我抓住了这次机会，沉下心来认真学习。看不进去，我就大声读，每天早上读个两三页，就这样把《市场行为的关键》一书，又通读了五遍。

2004年2月16日晚8点，我如往常一样坐在电脑前研究行情。突然我眼前的股票走势变了，当时看的是什么股票已经记不得了，只是知道眼前这段走势，正是一个三浪的上升和三浪的下降，而且更细分的三浪，是个5-3-5的结构。从此眼中的走势均以波浪结构方式呈现。自那以后我才明白，原来之前的状态，都可以称为“睁眼瞎”。

这种情况可能就是人们所说的“开悟”吧。之后的十五年就是“悟后起修”的过程。盘桓了十年之后，我才踏入了波浪理论的大门，而入门后的十五年，才是真正可以称为研究波浪理论的时间。

波浪的好处在于客观，用掌门人小罗伯特 R. 普莱切特（以下简称“普莱切特”）的话说，去除了所有的不可能，剩下的就是可能。尽管从自身的角度，很多情况下也许会认为匪夷所思，但既然那是规则推导出的结论，而不是自己的主观臆断，就应该坚持，除非发现推导过程存在严重瑕疵。

王国维说治学三重境界：“昨夜西风凋碧树。独上高楼，望尽天涯路。”“衣带渐宽终不悔，为伊消得人憔悴。”“众里寻他千百度，蓦然回首，那人却在，灯火阑珊处。”我个人的体会是，这说的都是开悟前的阶段。那么“悟后起修”靠什么？我认为应该靠“愚公移山”的精神。

2019年12月1日

目　录

第一篇　理论阐述

第一章　总的概念 …… 3

第一节　八浪概述 …… 3

浪 1 …… 4

浪 2 …… 5

浪 3 …… 6

浪 4 …… 7

浪 5 …… 8

浪 a …… 9

浪 b …… 10

浪 c …… 11

第二节　具体释义 …… 12

第三节　波浪类型详细分析 …… 26

波浪铁律 …… 26

推动浪 …… 30

延长浪 …… 31

衰　竭 …… 36

倾斜三角形（楔形）…… 37

调整浪 …… 45
锯齿形（5–3–5）…… 48
平台形（3–3–5）…… 53
三角形调整浪 …… 69
联合形（双重三浪和三重三浪）…… 78
正规的（Orthodox）顶和底 …… 80
错误的概念和形态相关讨论 …… 83
第二章　波浪构造的指导方针 …… 92
第一节　市场操作中重要的辅助规则 …… 92
交　替 …… 92
调整浪的深度 …… 96
浪5延长后的市场行为 …… 99
波浪等长 …… 100
第二节　辅助波浪判定的几个关键问题 …… 102
绘制波浪 …… 102
通　道 …… 105
翻　越 …… 113
成交量 …… 115
正确的外表 …… 120
第三节　波浪个性 …… 121

第二篇　具体应用
第一章　上证指数1990—2020年走势浪形分析 …… 145
第二章　未来行情展望 …… 202

后　记

第一篇

理论阐述

本篇具体解释波浪理论的总体规则和体系，帮助读者建立波浪思维，习惯波浪视角。

第一章 总的概念

在本章的内容里，前面的表述、采用的方式很多需要在后面章节中才能逐一进行解释，出于统一表达方式的考虑，这样写出来，可能会造成初学者的困扰，但如果采用渐进的模式，又会造成内容前后的差异。所以，看到一个陌生的词汇时，读者可以先圈出来，等到看过后面章节的解释后再回过头来看这些词汇，感受就又不一样了。

第一节 八浪概述

波浪理论的基础逻辑是市场波动周期性地展现为八浪循环，简单称为上升五，下降三。上升五浪标识为浪 1，浪 2，浪 3，浪 4，浪 5；下降三浪标识为浪 a，浪 b，浪 c。这个八浪循环结构可以细分，细分的标识可以是浪 1–1，这意味着在浪 1 中，再细分出一个五浪，浪 1–1 是这个细分后五浪的浪 1。这其中有两个问题需要澄清：一是浪形也可以出现下降五、上升三，但从一般思维考虑，我们习惯于从上升五、下降三说起；二是我们所说的三浪和五浪，是指波浪的结构是分三段还是分五段，而浪 3 和浪 5 指的是第三浪和第五浪。

浪 1

浪 1，作为初始阶段，经常是同一浪级中最短的。

为了清晰直观地表现五浪结构中浪 1 的情况，笔者特意选取了上证指数日线图的两处五浪结构（见图 1–1、图 1–2），但必须提醒读者注意，这种教科书式的走势，是教科书需要的，作为教学之用很直观，但在实际走势中却并不多见。

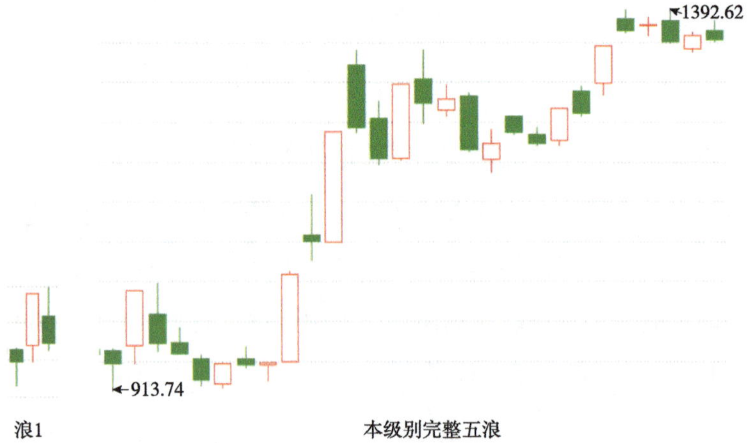

图 1–1　浪 1 在本段五浪上升结构中位置示意图 1

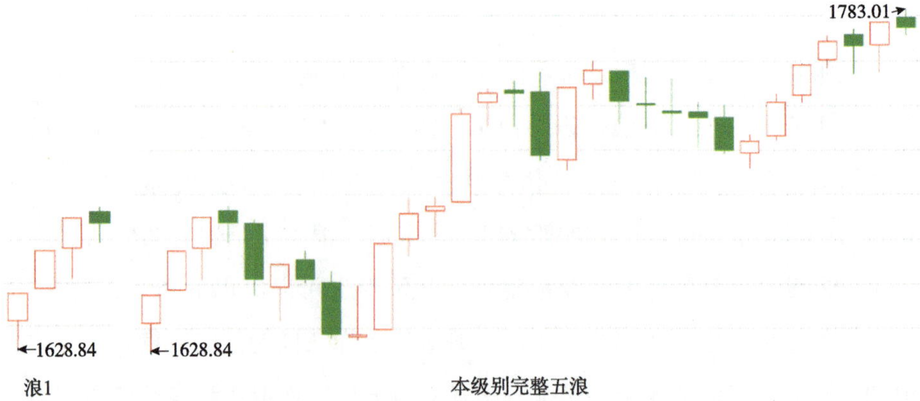

图 1–2　浪 1 在本段五浪上升结构中位置示意图 2

浪 2

浪 2 即我们下面要介绍的调整浪。调整浪的特点是花样翻新，如果说推动浪的任务是推动价格，那么调整浪的任务就是反复折腾。用华尔街的口吻来说，市场中总会有个“HE”在做手脚。如果有个“HE”在做手脚，那么能做手脚的位置，一定是调整浪。经验丰富的波浪理论研究者说，当我们不知道市场在走哪一浪的时候，那走的一定是调整浪。

存在着这样一种说法：由于熊市氛围未能因浪 1 的出现而改观，所以浪 2 基本上都是深幅调整。有时甚至回撤浪 1 的 100%，唯一的要求是不能有新低。我们通常会把锯齿形调整浪安排在浪 2 这里，因为锯齿形调整浪的特点是调整幅度相对大一些。不过据笔者经验看，其实在浪 2 位置上，最常见的应该是那种顺势平台形，即所谓的“奔走形”调整浪。请注意这只是一种感觉，没有数据统计支持。

浪 2 这里除了三角形以外，其他三个类型的调整浪都有出现的可能（调整浪的类型见后面的分类）。不过，我们有时貌似看到一个三角形结构出现在浪 2 位置上，这是怎么回事呢？有两种可能：一是浪 2 不是我们心目中的浪 2，而是浪 b；二是当我们再仔细看时发现，那个三角形是浪 2-b。

浪3

作为波浪理论研究者，很多人孜孜以求的一个东西叫作“三浪三”，我们称之为浪3-3，即所谓的主升浪，或者说趋势的主要阶段。但就笔者的观察，浪3其实并不总是如我们自己心目中那样“高大威猛”。在相对低的浪级，如果浪3达到浪1的1.618倍，就已经合格了。而真正看起来会让人心旌摇荡的那种迅猛的行情，往往出自浪b-c，或者延长的浪5。那么真正让浪3独步天下的秘籍是什么呢？是波浪延长。在波浪铁律中，表述的是浪3不会最短，在具体运行的过程中，我们直接先按浪3最长考虑。

浪 4

我们说五浪推动结构，或者说八浪循环结构，是一种理论的提炼和升华。技术分析是一种艺术，艺术是来源于生活而又高于生活的。所以在实际走势中，尤其是局部，我们看到的细节，往往会是调整浪结构。因此我们最常接触到的，几乎必然是三浪的结构，三浪上，三浪下，套不上五浪结构，或者八浪循环。偶尔碰到一个五浪的结构，却最可能是走个浪 c。当习惯成自然的时候，常常是在浪 3 结束的位置，涨势就被预判为已经结束，所以浪 4 通常被误认为下跌已经开始。然而，当推动浪还没有结束的时候，浪 4 如何证明牛市仍有上涨余地呢？就是它不肯回落到浪 1 的价格区间。

浪 1 与浪 4 的不重叠，实际上是浪 4 不肯重叠浪 1，我们只是习惯于先说浪 1，后说浪 4。这里我们需要注意的是，浪 4 不要重叠的是浪 1，而不是浪 2。当存在一个顺势平台形调整浪的浪 2，其中浪 2–b 创出了自浪 1 以来的新高价格时，其后的浪 4 是有机会跟这个浪 2–b“握手”的，这时我们不要认为波浪铁律被打破了。

浪 4 准备走多远，也有指导原则。在波浪理论中，有波浪铁律，铁律是俗称，指艾略特建立波浪理论时提出的三个永恒定律。所谓永恒定律，就是永远不能变的条条框框，如果变了，波浪理论就无法成立了。还有一些指导原则被收录在“波浪构造的指导方针”一章中，是我们在本篇第二章要讲解的内容。定律的意思，宛如法律，不得违背，违背必将受到惩罚。指导原则的意思，是讲一种规律性的东西。暗示事情总是这样，应该按这个方式来做，但有时市场有权利不予遵守。波浪理论建立在三大铁律之上的这些指导原则，即所谓波浪构成指南，具有非常高的重要等级，深刻地理解和掌握波浪铁律，对在波浪计数的关键位置排除错误数浪，可以起到四两拨千斤的作用。

浪5

浪5是推动浪的三个浪中最具变化性的那一个。一个完整的八浪循环，尽管通常分为上升五下降三，但实际上说起来，应该是四上四下的格局。而且前四的两上两下与后四的两上两下，力道倾向不同。因此浪5应该算推动浪里面最具调整浪特点的，相比较而言，也会花样翻新。

浪 a

浪 a 有两种情况，五浪结构的或者三浪结构的。没有统计来分析到底是三浪结构的浪 a 更多，还是五浪结构的浪 a 更多，总之，怎样都属于正常情况，只是五浪的浪 a 形成的是更大一级的锯齿形调整浪，因为其就是一个 5-3-5 的结构。而三浪的浪 a，形成的是更大一级的平台形调整浪，即 3-3-5 的结构。但是浪 a 一般不会走成联合形调整浪，或者三角形调整浪，因为这种过于复杂的表现，意味着这个调整已经不是浪 a，而是整个调整浪。

浪b

浪b拥有出现全部四种模式的调整浪的可能性。江恩指出，一个上升或者下降的过程，通常包括三段或四段。这里我们看到，如果上升过程走三段，那就是走到浪5就结束了，如果走四段，那就是走到浪b才结束。浪b创出新高，在主要趋势出现前的调整浪中屡见不鲜，如浪2–b。

浪 c

浪 c 经常被误认为是一个主要趋势，因为它有五浪的外表，这是非常值得注意的，它代表了调整浪中的推进结构。所以失败、延长、终结倾斜三角形结构的浪 c，也都提示了激动人心的反转近在眼前。

第二节　具体释义

在本节内容中，我们开始具体对波浪理论总体规则和体系进行解释说明，我们给相对核心的内容加上边框，以达到醒目的效果，然后在接下来的论述中展开讨论。

基本原则

证券市场的价格运行以波浪形式展现，波浪运动就是市场运行的规律，这个规律并不简单直观，它具备节奏，但节奏并不单调地重复。波浪运动是客观存在的，而且不以个人的意志为转移。在市场中，经济金融方面的政策，战争、灾害等事件的发生，还有种种所谓的“消息”，等等，使得价格形成了扭曲，然而，其影响的是价格变化的幅度和速度，并不会决定价格走向，价格作为一种结果，自然而然地形成，因此波浪理论被定义为“自然法则”。

市场运行是有规律可循的，并非漫无目的地随机波动。市场的运行是非线性的，也就是说，价格走势的轨迹无法用一个公式，例如 $ax=by$ 这样来描述。节奏不是不存在，而是并非单调的重复，用简单的周期逻辑无法解释。市场是有生命力的个体，而不是呆板的机器，不像打桩机那样，只会“咣—咣—咣”。市场运行的规律是先天形成的，不是后天设计出来的。

据说，艾略特在迈阿密的海滩，从海浪起伏的变化中悟到了波浪理论。所以波浪是一个很简单的类比。波浪在哪里？古人说，离开了水，去寻找波浪，无有是处。价格是水，价格的运行方式是波浪。价格的运行轨迹是曲曲折折的，那么在这些曲曲折折背后到底隐藏着什么奥秘？无数人梦寐以求。

一般来说，常规的价格表达方式有四种，收盘线、条形图、美国线、K线。常用的是三种，如图 1–3 所示。

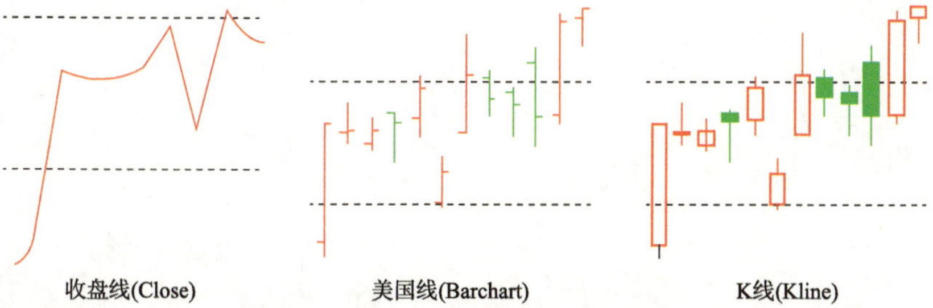

图 1–3　三种常用价格线示意图

这四种线图之间是包含元素递增的关系，收盘线只有一个价格元素（收盘），条形图是两个（最高、最低），美国线是三个（最高、最低、收盘）或四个（最高、最低、开盘、收盘），K 线是四个（最高、最低、开盘、收盘）。接下来，我们的分析会基于国内市场较为常见的 K 线来进行表述。

我们的分析从最简单的一个转折开始，一起一伏，才有一个转折。通行的定义区分，最基础的是分形。由分形来定义转折，由转折来界定波浪，由波浪来确定趋势。按照比尔·威廉姆斯的解释，在任何时间结构的走势图中，初始分形模式都由一组至少五根的价格线条构成，中间价格线条的最高价（最低价）必须高于（低于）先前两根与随后两根价格线条的最高价（最低价）。而这一组价格线条的最高价或最低价，被定义为分形起点或者分形终点。

图 1–4 为最典型的分形模式，通过最少 5 根 K 线来确定转折点，相邻的反向转折之间的段落，即是一个波浪。

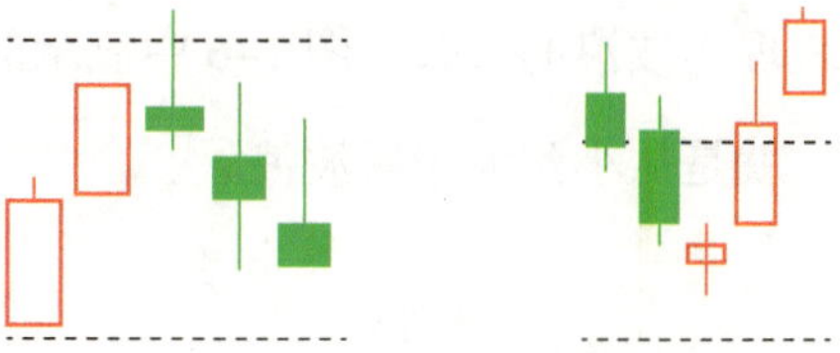

图 1–4　分形转折示意图

分形确定的转折点之间的起起伏伏，即一个个波段，也就是波浪。波浪与波浪连接起来构成了趋势（见图 1–5）。

图 1–5　分形转折连接形成波浪结构示意图

分形的基础判断大致就是这样，并且给出了周密的定义来规范各种不同情况，文繁不述，我们只是在确定波浪结构的表述中，为了便于读者在脑海中树立波浪的概念而引入了这一通行的对价格转折的定义方法，因为在任何一对分形起点和分形终点之间，必然包含某一级数的波浪走势，并由这些波浪走势组成了价格趋势。市场参与者的目的是获取利润和避免损失。要达到这个目的，需要了解并掌握价格运行的趋势。趋势只有两个关键之处：趋势改变和趋势保持。既然趋势由波浪组成，趋势的改变与保持，显然可以通过波浪方式完成。

上升趋势由若干段落组成，图 1–6 中显示的走势即可以作为一个波段，我们把之前和之后的走势加进来即可看出，图 1–6 中显示的走势段落，实际上是整个上升趋势中的一个组成部分。那么，在这个上升趋势内部，价格行进中出现的转折，就表现为波浪的形式。图 1–6 中显示的走势波段作为图 1–7 整体趋势当中的一段，就是从小到大来看波浪。

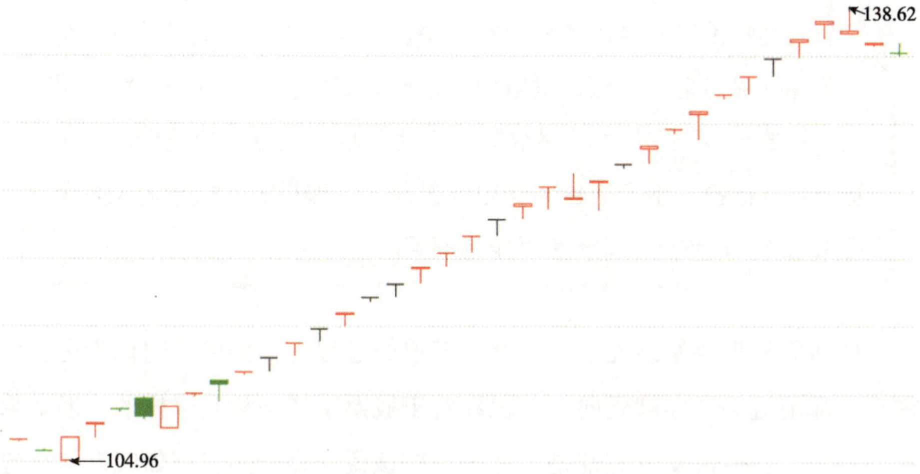

图 1-6 上证指数日线 1991 年 5—6 月上升段落

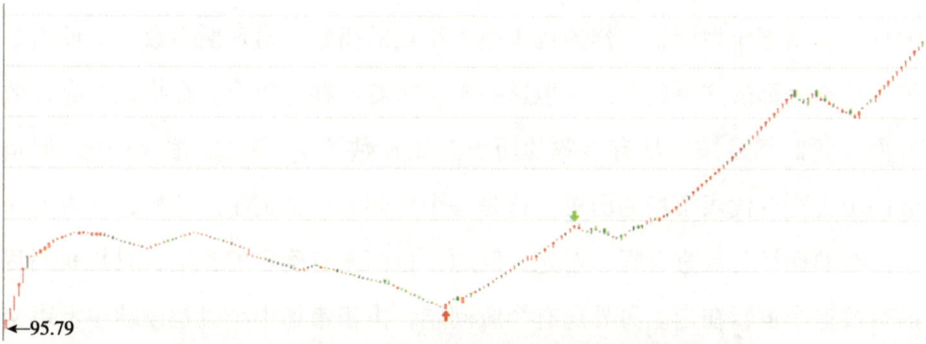

图 1-7 图 1-6 中上升段落在整体走势中的位置

五浪模式

在所有的市场里，价格运动都表现为一个特定的五浪结构。其中有三个推动价格朝主要方向运动，可以标志为浪 1、浪 3、浪 5。这三个推动浪会被两个逆向的休整阶段分隔，标志为浪 2 和浪 4。作为波浪理论的创始人，艾略特总结出了波浪理论的三大铁律：浪 2 的调整不会跌穿浪 1 起点；浪 3 不是最短；浪 1 与浪 4 不重叠。

艾略特没有总结出的一个规律是，任何一种价格运行结构，都无条件地被包含在五浪模式当中。任何时点的价格，都处于那个最大级别的基本五浪结构中的特定位置上。因为五浪是价格运动的主基调，其他模式都只能作为其组成部分。五浪模式的主导地位是无可撼动的，而这一规律更是不争的事实。

任何价格走势始终处于一个上升五浪的过程中，如果我们认为有五浪推动，那前进的方向就是向上。也许对于股票市场来说是这样的，但如果推而广之，任何波动形态都是这样吗？应该说尚存疑问，例如气温变化趋势图。

波浪理论号称自然法则，代表了人类文明的发展方向，所以定义向上为推动，回落作为调整。作为代表整个市场的指数，道琼斯指数、上证指数等，基本上都按这个逻辑走。但这并不意味着不存在争议。在指数自身计数方面，我们都是按照从有指数的历史开始计数浪 1、浪 2、浪 3……，但指数的历史是否代表市场的历史？这是一个疑问。指数记录的开始，是否与一个浪级的循环起点重合呢？对这个问题，也尚未有确定的答案，只是我们目前暂按这个逻辑在走。另外还有个股问题，由于市场中个股是按顺序上市交易的，它们价格记录的起点不尽相同，那么它们的浪形如何确定？对此我们基本上可以确定，个股与指数的浪形、波浪起点、位置均有所不同，如果说指数，我们按照标准的模式即浪 1、浪 2、浪 3……这样在走，那么个股价格走势就呈现出了多样性，起点不一定在什么位置。个股中的某一个，可能交易价格的起点是浪 c，所以一上市就在走一个深幅调整而下行。而且就算是同样处于调整浪 b 的位置，指数也许是一个三浪的调整结构，个股却可能是在走一个三角形调整浪。因此，个股的波浪计数相对复杂，很难确定这个浪形到底是从什么位置开始，甚至在上市若干年以后仍然无法确定。当然这并不影响我们使用波浪的规则来进行价格走势的预判。正因如此，波浪理论关于任何价格都永远包含在更大浪级的五浪当中的观点，有提出的必要性。

五浪模式是什么？是波浪对趋势的定义。那么，八浪循环是什么？是波浪所描述的趋势循环往复的结构。为了支撑波浪对趋势进行定义的五浪结构，我们会发现，必须建立三大波浪铁律。所以其约束的内容，均处于五浪结构内部。

如果我们从大到小来看，波浪结构如图 1–8 所示。

图 1–8　上证指数日线 1993 年 3—4 月上升段落

图 1–8 中从 913.74 点到 1392.62 点的上升段落，可以再细分为五个段落，三上两下，这五个段落就被定义为五浪，整个上升段与这五个浪之间的关系，被称为波浪与其内部子浪；这五个浪合起来，就形成了一个完整的上升波段，成为更大一级波浪中的一个组成部分，就是更大一级波浪中的一浪。走势其实就是不断地上上下下的这些波段所组成的拼图。

把上面完整的图拆解一下，每一部分都是一个子浪，如图 1–9 所示。

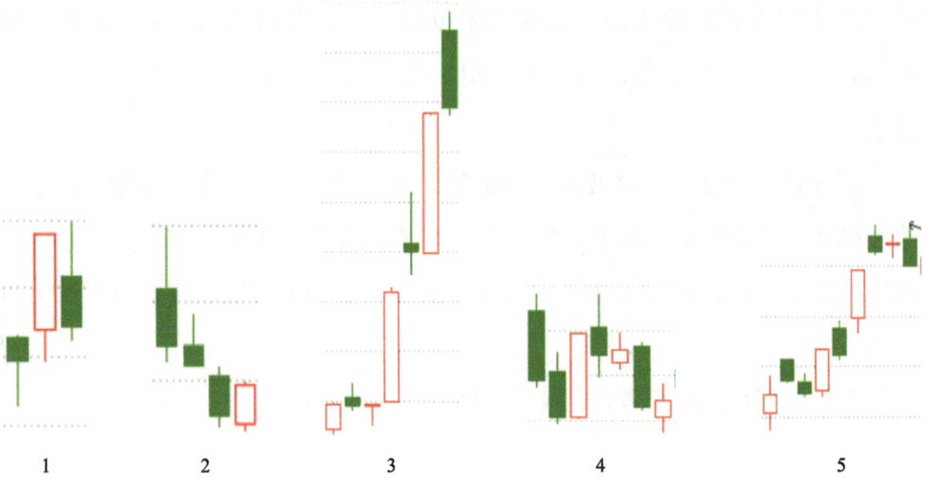

图 1-9　图 1-8 中完整上升五浪拆分为 5 个子浪

然后将这五个浪组合拼接在一起，形成了更大一级的浪，如图 1-10 所示。

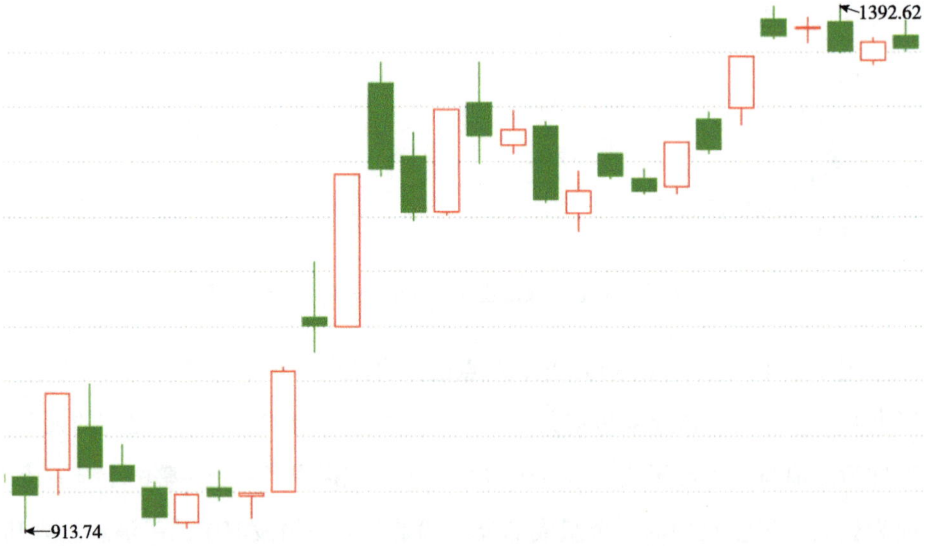

图 1-10　图 1-9 中的 5 个子浪拼接为完整五浪（与图 1-8 同）

这个更大一级的浪，与其他同级波浪一起，组成了再大一级的浪，如图 1-11 所示。

图 1-11　图 1-10 的五浪结构在整体走势中的位置

这个感觉有点儿像俄罗斯套娃。所以普莱切特说，市场在任何时候都处于最大浪级趋势的基本五浪模式中的某个位置。

波浪发展方式

波浪被分成了两种，驱动浪和调整浪。驱动浪是五浪模式，而调整浪是三浪或者其变体。五浪模式与方向相同的分量，即浪 1、浪 3 和浪 5，都是驱动浪，驱动了价格运行。而中间用于分隔各个分量的逆向休整期，就是调整浪，即浪 2 与浪 4。不过，调整的意思，就是仅仅回撤价格的一部分而已。

对波浪发展方式的描述作为一个过渡，把五浪模式的趋势与八浪循环联系起来。既然有五浪的基本模式，为什么还要说八浪循环？因为这两个概念是在不同层面对波浪进行的归纳。五浪模式的趋势是根本逻辑，而八浪循环是基本构架。因此在本段论述对五浪结构做出驱动和调整的区分以后，立即推导出八浪循环的概念。

在表 1-1 中我们会看到，以小浪为例，对于推动浪，我们标定为数字 1、2、3、4、5；对于调整浪，我们标定为 A、B、C（或有 D、E）。这里我们没有说上升浪标为数字，也没有说下降浪标为字母，原因是，调整浪可以是向上调整，如八浪循环中的浪 b；推动浪可以是向下的，如八浪循环中的浪 c。

我们可以简单地给出定义：凡是五浪结构的，我们就称之为推动浪；凡是三浪结构的，我们就称之为调整浪。之所以这样说，是因为以分形来界定的波浪基本结构就是不断地上—下—上—下，但是在每个上和下的内部有所区分，从而导致了价格朝某个方向运行。假如波浪都是三浪结构，三上三下，那么我们看到的波动结构就只能是一个区间波动，这就是调整主导的结构模式。但是，如果在三浪的基础上，再接续了一个往复段落，变成五上三下时，价格就变成了朝五的方向演进，这样就形成了向上或者向下的趋势。此时，我们说价格形成了向上或者向下的推动，所以称之为推动浪。

完整的循环

一个完整循环的八个浪，由两部分组成：五浪模式的驱动浪，其子浪，就是我们所说的分量，用数字来标志；三浪模式的调整浪，其子浪用字母标志。

一般来说，早已熟知波浪理论相关概念的人觉得五浪与八浪这个问题，没有什么反复讨论的必要。但是对于一个刚入门的新手来说，一会儿五浪，一会儿八浪，脑子根本没办法瞬间切换。下面我们再进一步详细说明。我们先假设，现在有一个 1—2—3—4—5 这样三上两下的五浪结构摆在这里，那么八浪循环在哪里？

图 1–12 就是我们心目中五浪结构的基本趋势。

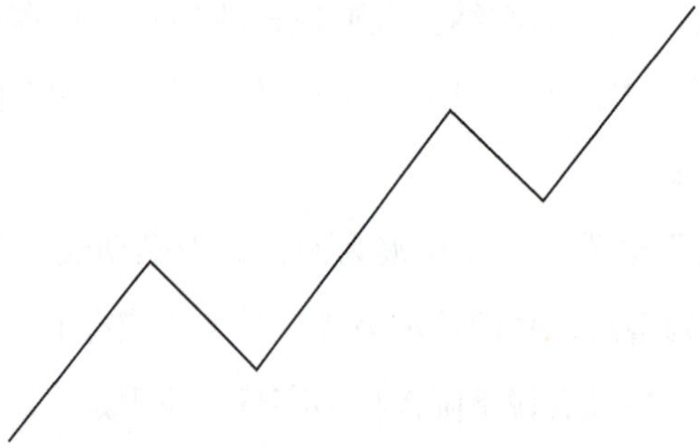

图 1–12　五浪上升结构的简化表达

图 1–13 表示的就是趋势架构中的八浪循环的位置。

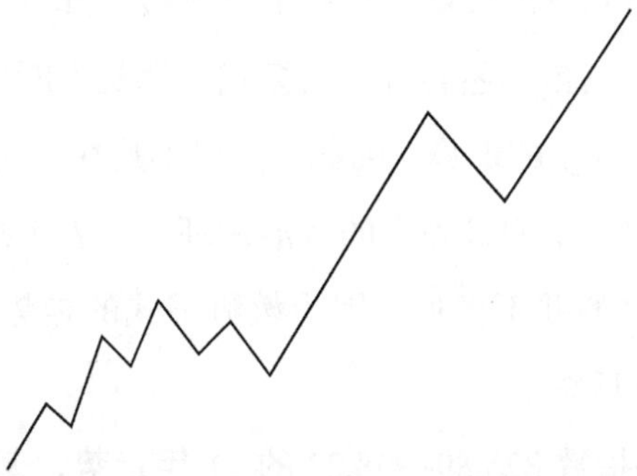

图 1–13　八浪循环结构的简化表达

然后我们看到，五浪的趋势之后是转折，其后接续了三浪的调整，这样一个 5–3 构成了更大一级的八浪循环（见图 1–14），这就是说，一个驱动浪中的每个同向分量（浪 1、浪 3、浪 5）以及一个完整循环中的每个完全循环分量（浪 1+ 浪 2，浪 3+ 浪 4）是其自身的较小版本。

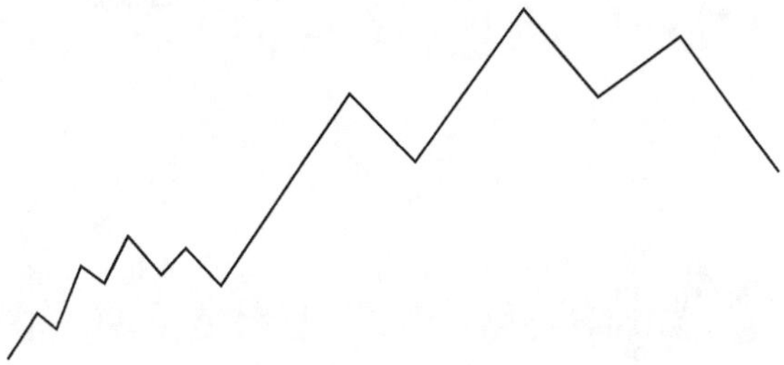

图 1–14　两个级别上八浪循环结构的简化表达

对波浪理论略知一二的人都知道八浪循环，上升五，下降三。然而，若用这个模式去套用现成的走势，大多数情况下，会发现走势与模式无法相容，于是得出结论：波浪理论“不好用”。绝大多数人就是在这个环节放弃了对波浪理论的研习。我们说，上升五下降三的八浪循环（具体就是浪 1—浪 2—浪 3—浪 4—浪 5—浪 a—浪 b—浪 c）是一个波浪理论根本框架的总结提炼，几乎可以说是放之四海而皆准的，因为总结提炼出了这个思维框架，波浪理论才能称为理论，而不仅仅是一种简单的法则。然而在把这个根本原则复原到现实走势当中的时候，五花八门的组合遮蔽了基本框架的呈现。因此我们会发现，有上升三接下降五的段落，也有上升五接下降五的段落，还有三角形的 3-3-3-3-3 模式，三角形还会有九浪模式，就是不断地反复出现上升三接下降三，下降三接上升三的走势。因此，如果不是在特定的波浪框架中去看，我们很难直接观察出一个明显确定的八浪循环。笔者也想多找出一些八浪循环的表现形式，但真的并不多见，因为教科书式的走势在实际中很难遇到，常见的几乎都是“歪瓜裂枣”。

图 1-15 为上证指数 325.89~998.23 的 11 年走势，基本上可以视为一个上升五下降三的八浪循环模式。因为我们经常所看到的局部，未必恰好就是一个级别上的完整八浪循环，因此会给波浪理论初学者造成一种错觉，看不到完整的循环存在。这里我们也发现了艾略特定义浪级时的科学性，因为 325.89~998.23 的这段走势，按照我们所标定的浪级，也恰好应该称作循环浪级，足见“循环”这个浪级的得名，绝非“浪得虚名”。

图 1-15　上证指数日线长达 11 年的八浪循环走势

因为有完整的八浪循环，配合浪级的标定，我们会知道在这个级别上的趋势是否已经完结。因此，上升五下降三具有非常重要的意义，使得我们在预计趋势的持续与转折方面，能够据此做好预判。而且这种上—下—上—下的思维模式，避免了思路的僵化，就是俗称的“一条道儿跑到黑”，即那种认为市场会永远涨下去，或者永远跌下去的想法，不可能出现在波浪理论研究者的头脑中。

复合结构与浪级

任何一段波浪都可以被赋予一个特定的浪级，但是，想要精准地标定一段正在运行中的波浪的浪级，难度相当大，特别是一段处于起始位置的波浪。浪级没办法用固定的幅度或者时间段来卡，而是要通过对形态的把握，形态则需要价格变化幅度与时间来共同约束。所幸浪级定义正确与否跟实操不搭界，测定行情来临，比知道它的头衔重要得多。随着时间的推移，浪级可以在后来推定，补充命名也不迟。

识别出波浪以后，立即就产生了一个波浪级别的划分要求。不过，对于波浪级别的划分方法，并没有一个严格的规定，很多人有自己的一套标准，我们按照普莱切特提供的划分标准，把波浪划分成了九个级别，从大到小分别是：甚超级循环浪（Grand Supercycle）、超级循环浪（Supercycle）、循环浪（Cycle）、大浪（Primary）、中浪（Intermediate）、小浪（Minor）、细浪（Minute）、微浪（Minuette）、亚微浪（Subminuette）。并且匹配了一整套标注符号，如表 1–1 所示。

表 1–1 波浪级别符号表

浪级	顺势的五浪符号标识					逆势的三浪符号标识		
甚超级循环浪（Grand Supercycle）	Ⓘ	Ⓘⓘ	Ⓘⓘⓘ	Ⓘⓥ	Ⓥ	ⓐ	ⓑ	ⓒ
超级循环浪（Supercycle）	（Ⅰ）	（Ⅱ）	（Ⅲ）	（Ⅳ）	（Ⅴ）	（a）	（b）	（c）
循环浪（Cycle）	Ⅰ	Ⅱ	Ⅲ	Ⅳ	Ⅴ	a	b	c
大浪（Primary）	①	②	③	④	⑤	Ⓐ	Ⓑ	Ⓒ

续表

浪级	顺势的五浪符号标识					逆势的三浪符号标识		
中浪（Intermediate）	(1)	(2)	(3)	(4)	(5)	(A)	(B)	(C)
小浪（Minor）	1	2	3	4	5	A	B	C
细浪（Minute）	ⓘ	ⓘⓘ	ⓘⓘⓘ	ⓘⓥ	ⓥ	ⓐ	ⓑ	ⓒ
微浪（Minuette）	(i)	(ii)	(iii)	(iv)	(v)	(a)	(b)	(c)
亚微浪（Subminuette）	i	ii	iii	iv	v	a	b	c

什么是波浪的级别？我们可以把级别理解为辈分，如果小浪是儿子级，那么中浪就是爸爸级，大浪就是爷爷级。关于浪级的确定，尚未有非常确定的描述，所以笔者只能讲个人的理解。一般来说，亚微浪作为最基础的浪级，就是分笔成交连接后形成的基础波浪，然后组合成为微浪，这样一步一步地把波浪发展壮大。

一般地，波浪分析人员通常都不对浪级进行非常精准的确定，但实际上，在长期的市场分析，特别是长达数年的分析中，难免会遇到有关浪级划分的问题，这时，人们通常的做法就是把相关的波浪进行简单粗略的分级，而不管是否精确地符合上述艾略特所进行的波浪级别定义。

波浪级别定义的关键之处，是给比率分析提供一个确定的依据，在有关的划分中，中浪以上的走势中，要求使用百分比进行分析，而中浪以下，即从中浪开始向下的级别，使用点数或价格即可，因为这时使用的是点数还是百分比相差微乎其微。因此我们只要能确定出走势中小浪的级别，就已经够用了。

那么，我们如何确定小浪级波浪？在日线图上观察到的最小自然波段，我们定义为小浪。如图 1–16 所示，在上证指数 1311.68~1649.60 点的反弹段落中，可以观察到上—下—上三个波浪，这三个自然段落，我们就定义其为小浪，而这三个小浪组成的整个反弹段落，即定义为中浪。

图 1-16　上证指数日线小浪与中浪示意图

这个反弹段落在整个大的走势当中所处的位置如图 1-17 所示。

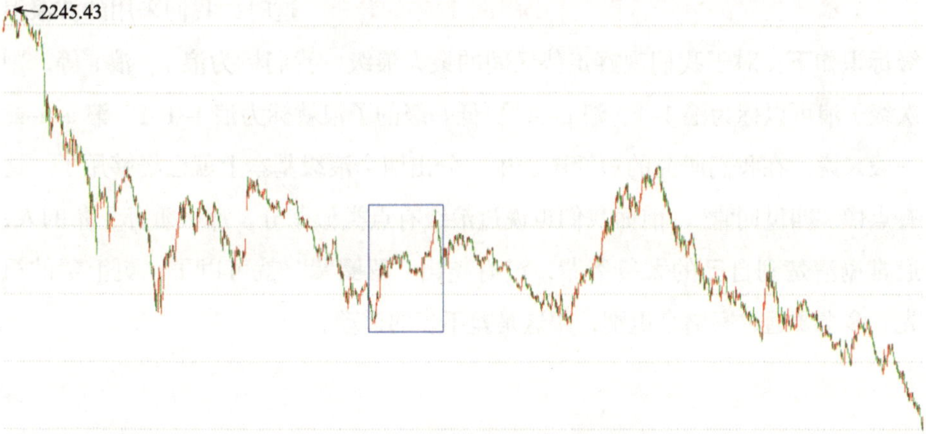

图 1-17　上证指数日线中浪示意图

如果我们把图 1-17 方框中的波浪定义为中浪，那么大浪就是图 1-18 中方框内部分。

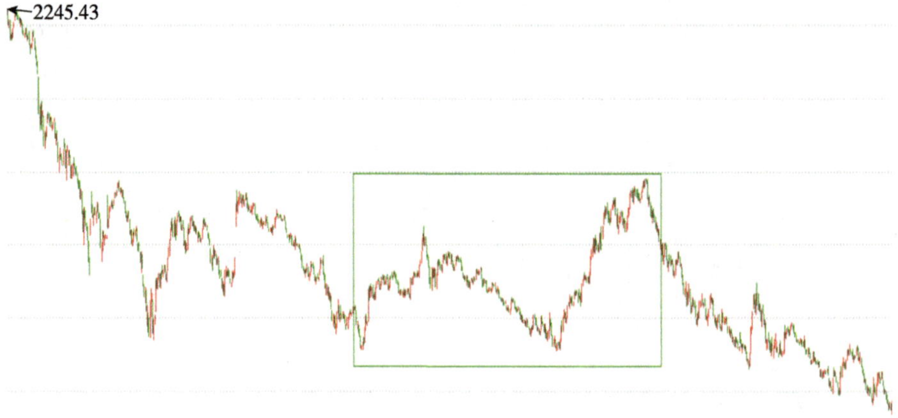

图 1-18　上证指数日线大浪示意图

然后，我们可以看出整个 2245.43~998.23 点的下降段落，是一个循环浪级的波浪。

在日常的研究中，我们其实没有过多关注所研究走势的精确浪级定义，而主要是给予相对的分级，以便辅助判断趋势的转折。这时，我们采用的波浪浪级标识如下：对于我们观察走势区间的最大浪级，我们标为浪 1、浪 a 等，则次级子浪可以标为浪 1–1、浪 a–a，更低一级的子浪就标为浪 1–1–1、浪 a–a–a。一般来说，在我们研究的短期图表中，分出四个浪级基本上就已经够用了。这有点像“四世同堂”，前面我们也说过浪级有点类似辈分，那么重孙子辈的人，通常搞清楚到自己的太爷爷辈，没有整出“罗圈辈”就可以了，更上辈的祖先，多半要通过家谱来识别，跟这是差不多的道理。

第三节　波浪类型详细分析

波浪铁律

波浪既然是从不断地上—下—上—下这样连接在一起的走势中分离定义

出来的，那么就必然要订立一些规则，否则就没办法建立波浪理论模型而成为“千人千浪”了。实际上，波浪理论研究者之所以没搞出“千人千浪”，是因为有了波浪铁律的存在，直接卡掉了那九百九十多种数浪方式。在波浪理论研究者眼里，可行的数法，其实就那么三四种而已。这样我们就知道，真假波浪分析的区别点，就在波浪铁律这里。

> 波浪铁律有三条：
>
> （1）浪 2 的调整不会跌穿浪 1 起点；
>
> （2）浪 3 不是最短；
>
> （3）浪 1 与浪 4 不重叠。

我们看到，三条铁律，全都针对推动浪下手，原因是推动浪相对简单，而调整浪十分复杂，几乎没办法进行严格界定。事实上，只要对比较简单的推动浪进行界定，就已经够用了，剩下的关于调整浪的意见分歧，尽可以求大同而存小异。

就算是在推动浪里面打转转，其实我们看来看去，波浪铁律也就是在说浪1—2—3—4 的事情，不关浪 5 的事。意思是在八浪里面，我们只要控制好前一半，波浪理论就算入门了。这里有必要说明的是，在波浪理论里面，当提到第几浪的时候，都是按浪几浪几这样的说法，而提到波浪结构的时候，才说是几浪几浪。因为英语里面有基数词和序数词的表达方式，所以不会产生混乱，而汉语里面，因为没有这种区分，所以我们必须注意一下。三浪，指的是三浪结构，而浪 3，指的是第三浪。下面我们对这三条波浪铁律逐一进行解释说明。

1. 浪 2 的调整不会跌穿浪 1 起点

有一种说法叫浪 2 回撤最多不超过浪 1 的 100%，意思差不多，但是细究起来却经不起推敲，因为谁是谁的 100% 这个问题涉及计算起点，非常不严谨。当然，这个不是本书讨论的内容，所以我们不展开讨论。

浪 2 是针对浪 1 所展开的调整浪，而浪 1 是驱动浪，所以如果浪 2 波动幅度大过浪1，那么就谈不上什么驱动了，整个就是一副调整的架势。而如果考虑到波浪与波浪相连，则所定义的浪1就可能不是浪1，而是尚未完结的下跌浪的组成部分。最好的结果是浪1不是浪1而是浪a。既然定义了浪1作为一段八浪循环的开始，那么，浪2就绝对不允许有新低。波浪理论里面，绝对的事情其实是非常非常少的，波浪铁律算是绝对要求比较典型的代表。有时，波浪理论研究者声称市场一定不会怎样怎样，多半就是基于浪1作为起点的绝对性。只是很多时候，预计乃是基于客观条件的主观意见，而主观意见的真实性取决于研究者的认知水平。

2. 浪3不是最短

提到长和短的问题，我们还是得先确定一个研究框架，即所有关于市场价格的分析，都必然细分为三个层面：方向、幅度、时间。比如，我们研究一只股票，首先是关心会涨还是会跌，其次是涨多少或者跌多少，最后是什么时候达到目标。3D世界中的我们，面对的是2D的走势，主要需解决这三个问题。那么，这里所说的浪3不是最短指的是幅度短还是时间短？一般的看法，其主要意旨在幅度，但以笔者的看法，应当理解为幅度和时间都不是最短。

说不是最短，乃从一般意义而言，意思是通常来说浪3是最长的。但“最长”的这种表述是不准确的。常规情况下，要么浪1短，要么浪5短，要么浪1和浪5都短，浪3几乎直接被视为最长的一段，是波浪理论默认第一判断。浪3不是最短，这是一种非常典型的事后诸葛亮，是基于研究角度得出的。如果做预判，或者在价格行进中做判断，我们一律视浪3为最长。这时，如果我们标定的浪3段落长度不如预计，就是说它还没有浪1幅度大，我们就知道了，这段走势是非常规的，我们需要修订预判。这是基于应用的角度而言。

3. 浪1与浪4不重叠

浪1与浪4怎么才叫不重叠？最严格的说法应该是，在上升推动中，如果浪1最高价是5元，那么浪4的最低价，最低只能低到5.01元。我们说，理论的创立，难度是相当大的。一个想法从最初的形成，到经过市场检验，适应各种复杂的局面，才能最后定型，给予明确清晰的表达。从波浪理论的创立者艾略特，到汉密尔顿·博尔顿，再到普莱切特，多少人的贡献，才让我们看到波浪理论现在的样子。从某种意义上说，波浪理论很幸运——从1934年最初的公示，到1978年《市场行为的关键》一书正式出版，经过了几代人的努力，才有了今天。技术分析是一种艺术，尽管波浪理论被艾略特称为自然法则，但从市场分析角度，波浪理论必然要归于技术分析门类，因此我们姑且称之为一种饱含科学性的艺术。在浪1与浪4不重叠被标定为波浪铁律的同时，普莱切特指出，“这一条适用于所有无杠杆的现货市场”。在日线及日内的期货市场，只有少数情况下，基于强大的杠杆效应，才会产生短期的极端价格。

笔者一直强调一种思维逻辑：所谓灵活，是建立在原则基础上的，没有了原则作为基础，灵活也不能称为灵活，那只能是一种混乱。为什么波浪理论要求浪1与浪4不可以重叠，这是基于确定推动浪的所谓“推动”这一性质所提出的要求，否则，就无法跟调整浪区分开，也无法把所谓的顺势平台形调整浪，也就是部分人称为“奔走形”的调整浪，跟推动浪区分开。前面我们说，八浪循环里，波浪铁律规定了浪1—2—3—4的情况，把这前一半搞清楚了，剩下的，显然在另一半里面了。这是波浪铁律的科学性所在。

在波浪理论的划分中，我们看到推动浪的总称不是推动浪，而是驱动浪。驱动浪包括推动浪和倾斜三角形浪。在倾斜三角形这种带有调整特质的驱动浪里面，浪4“总会”进入浪1的价格区间内，也就是说，对于倾斜三角形来说，浪1与浪4的重叠是常态。因此，第三条波浪铁律属于会计意见里面的那种“带解释性说明的无保留意见”，而前两条铁律，显然属于“无保留意见”。

在实际应用中，我们需要注意的是，因为在推动浪里面，推动是主要作用，所以就算出现了重叠，也是微乎其微的，不会出现大范围的价格重叠。一方面，我们必须尊重铁律，首要考虑不允许重叠；另一方面，如果出现了大范围的价格重叠，就需要考虑修正看法。

驱动浪

驱动浪可以分成两种：一种是常规的模式，即推动浪；另一种是不常见的模式，称为倾斜三角形浪。

推动浪

所谓推动浪，就是我们最为常见的普通五浪模式。在推动浪结构内部，同方向的分量，浪1、浪3和浪5，自身也是驱动浪，而且可以确定的一点是，浪3一定是一个推动浪。精准定义推动浪的规则极其简单，但这种简单的规则，不允许打破，波浪铁律就是这样的一种规则。而可以打破的，不能被称为规则，只能被称为指导方针，例如延长、衰竭、交替、等长、通道、个性、比率等。指导方针允许不被执行，但规则是不允许的。

本段讨论实际上暗示了倾斜三角形浪将出现在推动浪的开头和结尾，为了把它们科学地包含进来，明确了驱动浪这一概念。其实倾斜三角形浪的浪形还会出现在调整浪的开头和结尾，即浪a和浪c。这些都表明了倾斜三角形浪的“过渡”或者说“两栖”特征，只是因为五浪的结构以及推动的倾向，最终被划入了驱动阵营。

“指导方针”在最初也称为“指南”。不管怎么说，都是与规则相比，约束不强的条款，但又是一个常见的模式。从描述上，规则的意思就是一定要怎样怎样，不这样就不行。而指导方针的意思是总是怎样怎样，但并非100%，只是在预计的时候，我们必须按大概率走。

频繁打破规则，实际上就是所谓的“千人千浪”，真正按规则推导的结果，不可能出现千奇百怪的波浪数法，可能性只有那么几种而已。是规则保证了数法的可靠性。

延长浪

在大多数的推动浪中都会有延长浪出现。因为细分子浪扩大，推动浪表现为延长浪。一般来说，我们估计延长在每个浪级上只出现一次。经典的延长浪模式中，各细分子浪与大一级的其他四个浪的价格幅度与持续时间近乎相同，结果是波浪序列的外观表现为九浪结构。延长浪中出现延长浪也是合理的，例如延长的浪 3 中的浪 3 也可能出现延长表现。延长浪计数的简化表达见图 1–19。

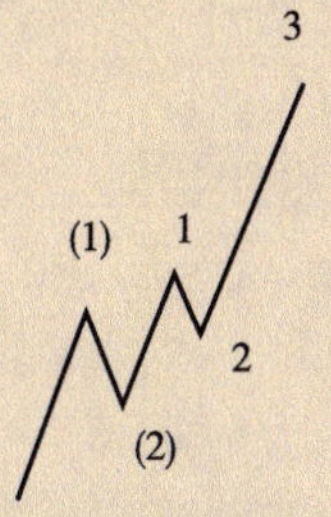

图 1–19　延长浪计数的简化表达（即《市场行为的关键》一书的图 1–8）

在了解延长浪之前，我们需要先介绍一个概念——等长（Equality）。等长这个概念，也是指导方针之一。而其翻译名称，有的叫作等长，有的叫作等同。笔者认为，等长其实更能反映这一概念的应用特征。

在同一个级别的五浪结构里面的三个推动浪，浪 1、浪 3、浪 5，其中一般会有两个在时间和幅度上趋向于相等，而另一个比其他两个要大，这是因为发生了延长。常规情况下，我们发现浪 1= 浪 5，发生延长的就是浪 3。

我们已知在浪 1、浪 3、浪 5 中，一般情况下有两个浪趋向等长，剩下的一浪延长，而且大多数情况是浪 1 与浪 5 等长，但如果浪 1 与浪 3 相等，则浪 5 就会延长。

所谓延长浪，就是当前浪级中的某一浪，如同一个提前发育的侄子，个头跟叔叔一样高，这一浪看起来就好像应该是更大一级的波浪，而且它自身的五个子浪，特别是三个推动子浪，每一个都跟当前浪级波浪的幅度和时间趋近相当。换句话表述，就是浪 1 与浪 3–1、浪 3–3、浪 3–5，以及浪 5，这五个波段，看起来仿佛是在同一个级别上。

延长浪被定义为有四种情况：浪 1 延长、浪 3 延长、浪 5 延长、无界定延长。前三种可以按波浪铁律中的浪 3 不是最短和浪 1 与浪 4 不重叠来明确界定究竟是哪一浪出现了延长；但有时候无法进行明确界定，这时波浪理论可以灵活处置，所以就有了无界定延长。

图 1–20 为上证指数 1993 年底的一个反弹浪 c，其中出现了浪 3 延长，并且浪 3–3 也发生了延长。

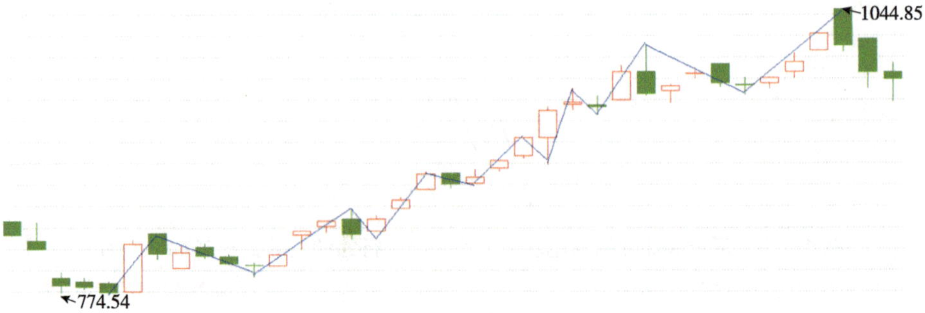

图 1–20 上证指数日线 1993 年底上升段落的延长表现

因为等长的存在，必然的结果就是大多数的推动浪里面包含了一个延长浪。但是我们需要注意的是，出现延长且仅有一个延长的说法，有一个前提条件，叫作"大多数情况下"。笔者注意到普莱切特也曾提出过关于成交量的明确论断："它是第三浪和第五浪都延长的那些罕见时候的最佳警告。""大多数"和"罕见"是匹配的，但还是应该进一步明确一下，因为有就是有，没有就是没有。这与浪 3 不是最短其实是一个意思，作为指导方针，强调的是普适情况，但并不排斥特定条件下的例外。

在同一个浪级中，浪 1、浪 3、浪 5 中会有一个或两个浪出现延长。当然，一个延长浪是常规状况，可能出现在三个推动浪中任何一个位置上，还有无法判断位置的情况，被称为无界定延长。但是两个延长浪的情况，只考虑是浪 3 和浪 5 同时延长。这时，延长的浪 3 和浪 5 趋近等长。所以说，等长和延长是相辅相成的，属于伴生现象。由于章节设定问题，本书把等长和延长这两个互为因果的概念分拆到了“规则”和“指导方针”两部分中。读者可对照参考。

延长再延长可能出现在浪 3 与浪 5 上，但浪 3 与浪 3–3 也可能同时出现延长。一次延长，就是所谓的九浪结构 5+4；两次延长，就是所谓的十三浪结构 5+4+4。延长最多到十三浪结束，没有更多；如果有，那就是更大浪级的事情了。这个底线必须坚守，否则就真的是“千人千浪”了。

等长、延长与成交水平，诸多因素交叉配合，对波浪识别与走势预测的指示作用是非常强大的。因此，把这些内容分拆讲解也是非常困难的，有时候为了便于读者理解，某些相关内容我们必须反复提及，使读者加深印象。之前我们提及了一个概念叫作无界定延长，这个概念，一方面，有利于减少僵化思维模式产生的困扰；另一方面，就是在价格行进过程中不必精确地定义当前正在运行的段落，究竟处于内部子浪的什么位置上。我们见到第一段上升，就直接标个浪 1，见到第二段上升就直接标个浪 3。先不用去想到底延长发生在什么地方。这样做了以后，我们再来看成交水平处于一个什么状态。然后按上面指南的要求做出延长判断。

图 1–21 为上证指数在 1993 年底的日线图。浪 3 段落中，细分子浪浪 1 与浪 3 标准等长，之后浪 5 发生延长。其中，浪 1 长度为 856.77–793.32=63.45（点），浪 3 长度为 893.42–828.66=64.76（点），浪 5–1 长度为 924.67–876.61=48.06（点），浪 5–3 长度为 971.46–898.49=72.97（点），浪 5–5 长度为 1011.76–945.43=66.33（点）。从上升点数对比上看，排除了无界定延长和浪 3 延长的可能性，唯有浪 1 延长和浪 5 延长之可能。但如果浪 1 延长，

则浪1内部子浪中两个调整浪的时间较上一级调整浪时间要长，这是不合理的。同时，按照成交量分析指南的要求，中浪及中浪以下，浪5成交量与浪3持平或放大，应视为浪5延长，因此唯有浪5延长是最合理的解释。

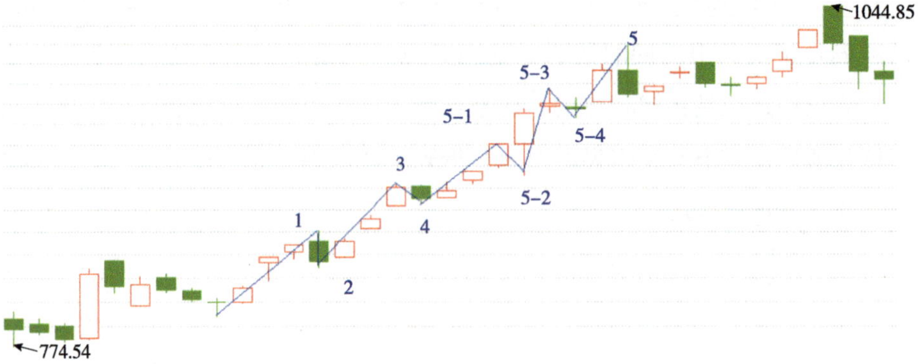

图1-21　上证指数日线1993年底上升段落的浪3延长表现

由于延长的存在，使得波浪，特别是推动浪的外观，跟读者心目中的印象不同，尤其是手画的八浪循环结构中五浪示意线条，跟实际走势中常常出现的延长推动看起来就是两回事。这也成为读者接受波浪理论过程中的障碍之一。

图1-22为上证指数2005—2007年周线的五浪上升结构，浪3在两个级别上均出现延长。

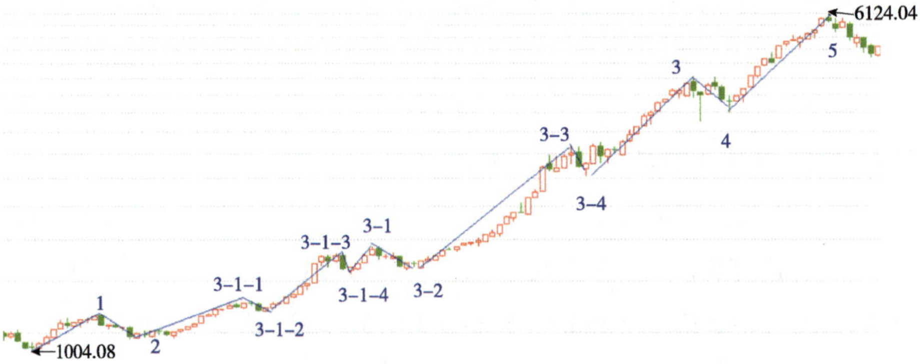

图1-22　上证指数周线2005—2007年上升段落的延长表现

延长其实也是波浪外观看起来跟想象中不同的一个重要原因。作为一种常态，延长几乎无处不在，在上证指数近 30 年的运行中，上行和下行过程中均出现了若干延长现象。

图 1-23 为上证指数 2000 年日线图上呈现的浪 5 延长走势。注意其后没有立即出现大级别下跌，或者说其后的大级别下跌会有延迟。

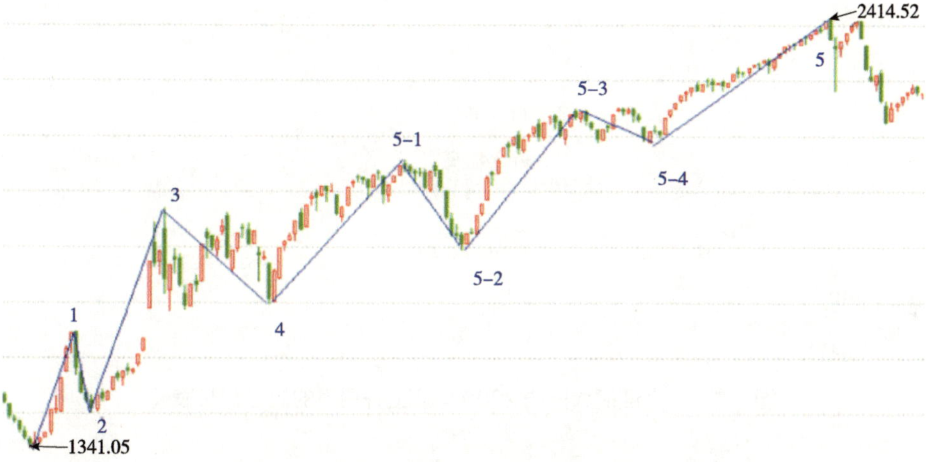

图 1-23　上证指数日线 2000 年上升段落的浪 5 延长表现

图 1-24 为上证指数 2008—2009 年日线图的一段延长上升走势，其浪 5-3 在两个级别上出现延长表现。对本段上涨，在本书后面的章节还有另外一种划分（见图 1-87）。两种理解模式稍有区别，笔者认为都是可以成立的。

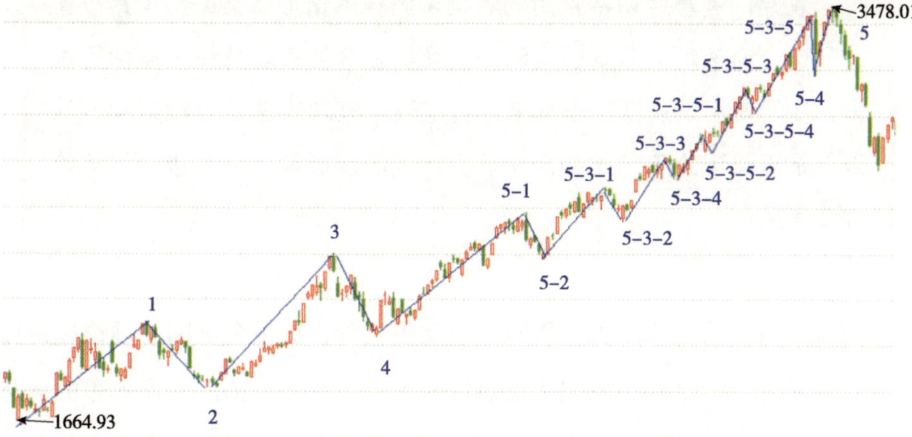

图 1-24　上证指数日线 2008—2009 年上升段落的延长表现

图 1-25 为上证指数 2000 年底日线图，图中五浪结构在浪 5 出现延长。

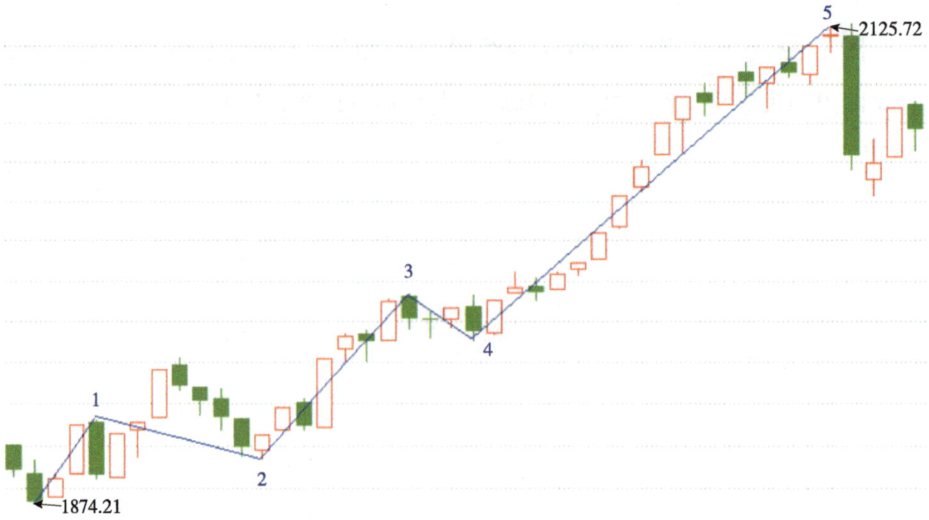

图 1-25　上证指数日线 2000 年底上升段落的浪 5 延长表现

衰　竭

> 衰竭，是普莱切特常用的名词，同样的情形，艾略特使用"失败"这个词来定义浪 5 的运动未能超出浪 3 终点。从统一概念的角度，我们使用"衰竭"一词来进行描述。衰竭应该通过观察预设的浪 5 是否呈现为五浪结构来确认。衰竭表现通常出现在极为强势的浪 3 之后。

衰竭，其实听起来不如"失败"感觉更直观，这是个试图让理论显得更学术的字眼儿。但是仔细研究普莱切特的本意，"Truncated"在字典里的解释是"截短的；被删节的"，这个理解看起来似乎更到位。衰竭一词在这里的应用，似乎已经有些约定俗成了，否则笔者更愿意用一些俚语，比如“抽条”，或者“缺斤少两”来形容这种情况。

如果说衰竭与正常的走势相比属于提前见顶，但从时间上看还未结束涨势，那么，其实在调整浪中有一种情况是与之相对应的，就是顺势形调整浪，因其在调整过程中给出了新高点，或者下行中的新低点。顺势形调整浪是指上涨时段已经结束，但是价格目标尚未到达，所以本该出现反向调整的段落中，继续朝原来的方向行进，待实现目标以后再反向行进。我们一直在讲，在价格走势中，存在三个维度的测定，即方向、幅度和时间。这些情况表明，在方向确定的前提下，幅度与时间之间，存在着超前、同步和滞后三种情况。因此，就有了“正规的顶和底”的说法。

倾斜三角形（楔形）

倾斜三角形是驱动浪的一个类型，与推动浪有所不同的是，它具备了某些调整浪的属性。表现在倾斜三角形遵循了波浪铁律的前两条，但未能遵循第三条，结果是其中的浪 4 总是会与浪 1 重叠。在波浪架构中，倾斜三角形总是出现在特定的位置上。少数情况下，倾斜三角形浪 5 会出现衰竭表现。

什么是三角形？什么是倾斜三角形？确定了这两个问题，才能确定什么是引导倾斜三角形和终结倾斜三角形。也许有人会想，三角形是小学一年级就应该掌握的概念了。但在技术分析理论中，三角形的定义方法还真是多样性的。本来我们应该先介绍三角形，再介绍终结倾斜三角形，最后才介绍引导倾斜三角形，因为这其实是研究发现的顺序。但在这里，还是按理论框架的表述来进行，所以可能会给读者带来一些小小的麻烦。读者可以先阅读一下三角形的有关内容，再来看倾斜三角形。

楔形与三角形的区别何在，其实大多数人对此未必具备全面的基础知识。所以在这里笔者再饶舌一下，将其明确。三角形指的是两条边界倾斜方向不同，而楔形指的是两条边界倾斜方向相同（见图1-26、图1-27）。

图1-26 三角形示意图（收敛与扩散）

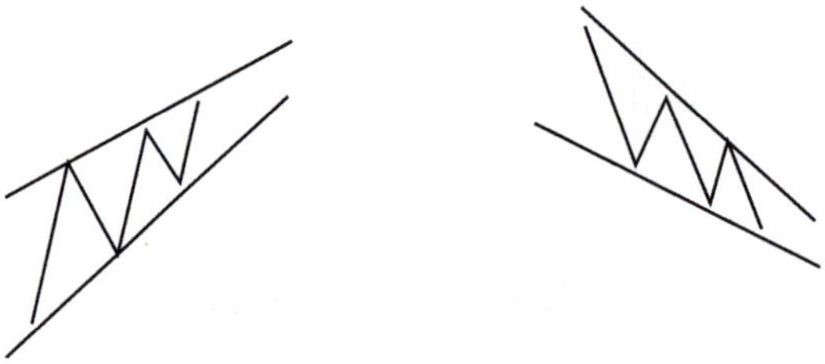

图1-27 楔形（倾斜三角形）示意图

倾斜三角形出现的特定位置，我们将分别在后面明确，同时其与波浪铁律之间的关系也将会进一步阐明。

终结倾斜三角形

终结倾斜三角形主要出现在浪5的位置，艾略特指出少数终结倾斜三角形出现在abc结构，即三浪结构的浪c位置。我们通常都会在较大的浪级的结束段落发现终结倾斜三角形，作为这一浪级的价格运动正在结束的信号。

倾斜三角形中的价格如果是上升的，预示着接下来的走势会是一段调整，而且常常这段调整表现为陡直下跌，回撤的目标在倾斜三角形起点。倾斜三角形中的价格如果是下降的，预示着接下来的走势向上。

作为特殊波浪类型的代表，终结倾斜三角形出现在浪 5 和浪 c 的位置。从笔者多年经验看，有可能浪 c 出现的概率要大过浪 5。这个体验似乎与前辈得出的结论不同，原因很简单，从内部结构看，3–3–3–3–3 的结构，确实与三角形这一称谓匹配。但出现在推动位置的那个三浪结构，我们指的是这个 3–3–3–3–3 中的第一个、第三个和第五个 3，即作为驱动浪的一员，终结倾斜三角形的这个推动子浪，必须是 5–3–5 的结构。这个问题，后面讨论锯齿形调整浪时，我们再进行深入探讨。有一种说法是："它的子浪，包括浪 1、浪 3、浪 5，可以细分成不是调整浪的'三浪'。"笔者认为这种说法不够严谨，因为终结倾斜三角形属于带有调整色彩的驱动浪，所以推动子浪的位置开始变得有调整的味道。那么调整子浪的位置又怎么可能突然"雄起"，变成不是调整浪的调整浪了呢？这种说法，显然是为了与三重锯齿形调整浪区分而特意着重指出的。我们说，如果三重锯齿形调整浪确实能够与终结倾斜三角形有所区分，也应是通过位置来进行的判定，因此要拿出的不仅仅是一个结构，因为刚刚我们又再一次确认，两者外形无法区分。依笔者的看法，它们其实就是一种东西，被叫成了两个名字。出于这个原因，终结倾斜三角形出现在浪 c 的时候是很多见的。

表现为扩散楔形，或者所谓的"翻越"，其实都说明一个问题，就是所谓的楔形，这个形态分析范畴的概念，只能对倾斜三角形起到提示的作用，但两者并不等同。从终结倾斜三角形的概念出发，它是基于内部子浪结构而言的，这才是波浪理论组成部分应该具有的内涵。因此不能通过所谓的形态是否受到了两条同向倾斜收缩边界的约束即对倾斜三角形进行定义。

终结倾斜三角形之后，通常紧跟的是价格快速反向变化，尤其是小级别中，对涨跌幅度度量，至少应回撤到起始位置。

图 1–28 为上证指数 1998 年底日线图，小级别调整浪 b–c 走出终结倾斜三角形。之后浪 c 回调至其起点附近。

图 1-28　上证指数日线 1998 年底的终结倾斜三角形

图 1-29 为上证指数 2003 年中日线图，小级别三浪反弹中，浪 c 为终结倾斜三角形，此后回调至其起点时出现显著反弹，后继续下行。

图 1-29　上证指数日线 2003 年中的终结倾斜三角形

图 1-30 为上证指数 2004—2005 年周线图。自 1783.01 点起为下行浪 c，

细分结构为 3-3-3-3-3 的终结倾斜三角形。其中浪 5 的 5-3-5 结构最后一个五浪发生了衰竭，正规底部为 1004.66 点，即 998.23 点之后反弹又二次探底的低点，图中画线结束位置标注为 5 的地方。

图 1-30　上证指数周线 2004—2005 年的终结倾斜三角形结构划分

图 1-31 为上证指数 2005 年上半年日线图，顺势平台（奔走）形反弹浪中浪 a-c 和浪 c 均呈现终结倾斜三角形走势。

图 1-31　上证指数日线 2005 年上半年出现的两个终结倾斜三角形

图 1-32 为云图控股（002539.sz）2011—2013 年日线图，呈现终结倾斜三角形五浪走势，内部结构为 3-3-3-3-3，形态也是标准的楔形。

图 1-32 云图控股（002539.sz）日线 2011—2013 年的终结倾斜三角形

浪 5 延长、衰竭（失败）的浪 5 和终结倾斜三角形都预示着同一种后续价格表现：大规模的反转即将出现。在某些时刻，这几个表现中的两个会共同出现在不同的浪级，说明之后的反向价格运动可能会较为剧烈。

浪 5 延长、浪 5 失败和浪 5 走成终结倾斜三角形，这三种情况下，波浪理论认为接下来的转折可能会相对又大又快；特别是两种现象叠加的情况可能更猛烈。但是这个问题要分情况来理解，例如上证指数在 2005 年的 998.23 点位置之前的下行，是终结倾斜三角形，同时终结倾斜三角形的最后一浪出现了失败。其后的上升行情确实是波澜壮阔，但在最初的半年左右的时间里，涨势并没有表现得十分迅猛。所以对“激动人心”“激烈”这些描述，应该从哪个层面来理解，是波浪理论研究人员应该区分清楚的问题。千万不要以为一定会有一个陡直的转向，那样容易失望，进而产生怀疑。

引导倾斜三角形

引导倾斜三角形的外观容易跟一系列的浪 1 与浪 2 混淆，区分的要点在于，浪 5 比照浪 3 的价格变化明显趋缓，而一系列的浪 1 与浪 2 结构中，短期价格变化速度在提高。同时其市场广泛性表现为扩大。

引导倾斜三角形出现位置为浪 1 和浪 a，通常会被归类为形态分析中的楔形，作为五浪结构，内部子浪结构为常规的 5-3-5-3-5，最显著的特点是浪 1 与浪 4 是重叠的。普莱切特以一种相对谨慎的口吻暗示，引导倾斜三角形是自己的研究发现，并非艾略特首发。

图 1-33 为上证指数 1994—2001 年日线图，在长达 7 年的上升过程中呈现引导倾斜三角形结构，从对数图表来看楔形形态更为清晰。

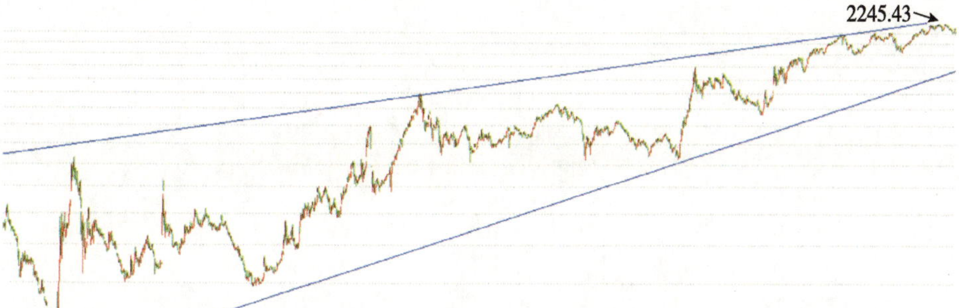

图 1-33　上证指数日线 1994—2001 年的引导倾斜三角形结构

图 1-34 为上证指数 1995 年上半年日线图，524.43 点之后，浪 a-a 位置呈现一个扩散形引导倾斜三角形结构。

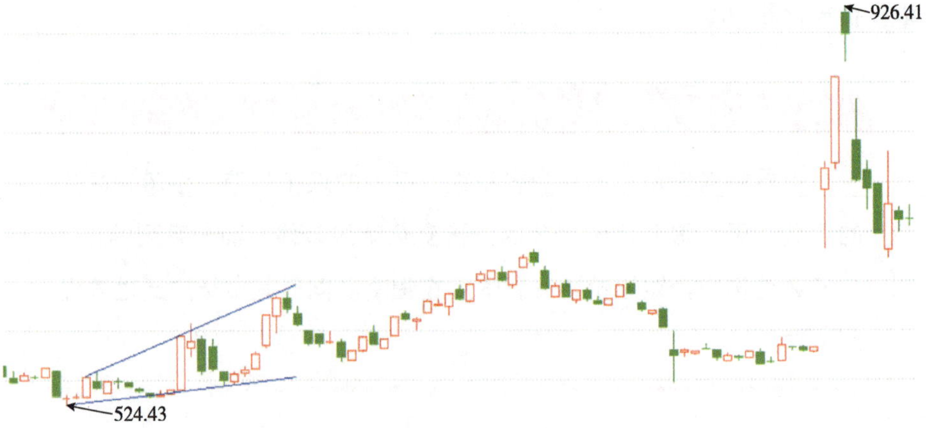

图 1-34　上证指数日线 1995 年上半年出现的扩散形引导倾斜三角形结构

图 1-35 为神马电力（603530.sh）日线图，在 2020 年 2—3 月形成了一个扩散形引导倾斜三角形结构。

图 1-35　神马电力（603530.sh）日线 2020 年 2—3 月形成的扩散形引导倾斜三角形结构

引导倾斜三角形最独特的地方就是浪 1 与浪 4 重叠。这是一个引导倾斜三角形的标配，而对于终结倾斜三角形，权威意见说的是“总是”，而不是

"必须"。原因很简单，如果浪 1 与浪 4 没重叠，那么引导倾斜三角形就是个正常的推动浪了。

广泛性

在股票指数上涨过程中，如果市场广泛性没能同步，说明只有少数股票参与到上涨中，那么这种涨势就很难持久。一般我们使用 ADL（上涨家数减去下跌家数）来标示市场广泛性。

对于个股，是没有什么广泛性之说的，事实上，它主要应用在市场指数方面，是从群体层面对市场进行的评价。可以这么理解，广泛性主要是对在一轮行情中究竟会有多少个股会跟从大盘同向运动进行观察，根据数量占比来对行情性质进行推断的一种方式。什么是反弹？即只有少部分股票参与了上涨过程。什么是反转？大部分股票都参与了上涨过程。广泛性可以作为一个衡量的标准，但与作为跟踪大盘的指标 ADL 和 ADR 之间似乎并无关联。因为广泛性关心的不是在大盘上涨时上涨家数的比率，而是在大盘处于新高位置的时候，同步新高家数的比率。在当前市场中流行的所谓二八分化，其实就属于广泛性方面的表现。

调整浪

调整浪展开的状态，通常都是较为复杂的结构，无论是上升过程还是下降过程。结果是同一级别的波浪，有时因为结构的复杂性和超长的持续时间，而被误认为属于更大浪级。

图 1–36 为上证指数 2009 年下半年 3478.01 点之后的下行五浪结构，其中浪 4 明显大于其他子浪。

图 1–36 上证指数日线 2009 年下半年的下行五浪结构

综合所有调整浪结构的研究成果，我们得出的重要结论是：调整浪一定不会是五浪驱动结构。我们这里指出的五浪结构，是驱动浪，在调整浪中的三角形调整浪，与驱动浪五浪结构完全不同，不会引发误解。所以，当我们发现一个大级别五浪之后，出现反向五浪驱动结构时，可能不是反向趋势，更有可能是一个调整浪的开始阶段，应视为调整浪的一部分。

这段看似平常的文字非常重要，某些人曾对波浪理论提出过质疑，说有的走势是上升五下降也五，而不是上升五下降三，由此得出结论：波浪理论不准。我们只能说，粗略地翻翻波浪理论而不是深入地学习，然后戴上有色眼镜给出评判，属于不良习惯。

图 1–37 为上证指数 2007—2008 年日线图，自 6124.04 点之后，市场走出了一个标准的五浪下行结构，但这仅仅是大幅下跌的开始段落。

图 1–37　上证指数日线 2007—2008 年的五浪下行结构位置

> 调整浪一般会表现为一段类似箱体的结构，对之前的波浪，特别是推动结构的波浪，必须产生净回撤。其中总是会包含返回甚至超出调整起点的价格运动波段。

净回撤是调整浪成立的必要条件，但是很多时候，调整浪中间会有一个顺应推动浪方向的运动，被称为浪 b，或者有时候是浪 b 的一部分。这个运动会让人大开眼界，超过调整起点，而且是大大超过，以至于会让人误以为新的推动浪出现。这就是所谓的顺势调整浪，我们会在后面具体展示。总体的横走的外观，更多来自三角形调整浪，或者其中的浪 b 作为三角形调整浪出现。

> 艾略特认为明确的调整模式主要分成四类：
>
> 锯齿形（Zigzag）（5–3–5）；
>
> 平台形（Flat）（3–3–5）；
>
> 三角形（Triangle）（3–3–3–3–3）；
>
> 联合形（Combination）。

关于锯齿形，笔者的看法是，双锯齿，特别是三锯齿，没有确立的必要。具体原因留待下文详述。

关于平台形，笔者在《市场行为的关键》一书划定的三种类型基础上，提出应包括收敛平台形调整浪。即平台形调整浪应该包括四种类型：普通平台形、顺势平台形、扩散平台形、收敛平台形。

关于联合形，笔者的看法是，这是一种方便法，从实操角度看，允许一个不规范的结构存在，作为复杂形态出现时的兼容模式，要比费尽心机去搞清楚细致的内部结构来得高效。极致地研究，试图搞清楚所有的细节，对操作来说实无必要。但从研究的角度来说，能不采用联合形来解释浪形则建议尽量不予采用。

锯齿形（5–3–5）

多头市场中的单锯齿形调整浪为简单的三浪下跌结构，子浪序列为 5–3–5 结构。

锯齿形调整浪，呈现一个最简单的调整模式：下跌—反弹—再下跌，或者反弹—下跌—再反弹，看起来特别像推动浪的组成部分。因此在行情的初始阶段，如果出现一个五浪的子结构，千万不要以为那一定是推动浪的开始。如果说，倾斜三角形是带有调整色彩的驱动浪，那么锯齿形调整浪就是最具有推进动力的调整浪。因为它的结构相对简单，无法展现调整浪的复杂属性，所以我们会发现，锯齿形调整浪，通常扮演更大级别调整浪中内部子浪的角色，比如三角形 a–b–c–d–e 五浪结构中的某些子浪。更有甚者，我们会发现，它出现在终结倾斜三角形的三个推动子浪中，因为终结倾斜三角形内部子浪以 3–3–3–3–3 的结构呈现，而位于第一、第三、第五子浪位置的三浪结构，全部是 5–3–5 的锯齿形结构。

图 1–38 为 1995 年上证指数呈现的一段向下的锯齿形调整浪，先是自

926.41 点开始的连续阴线下跌为浪 a，然后是一段收敛形的平台三浪反弹作为浪 b，最后以一个相对清晰的五浪结构完成浪 c。

图 1-38　上证指数日线 1995 年向下的锯齿形调整浪

图 1-39 为上证指数日线在 2009 年底呈现的向上反弹锯齿形调整浪以及随后的一个小级别的向下锯齿形调整浪结构。

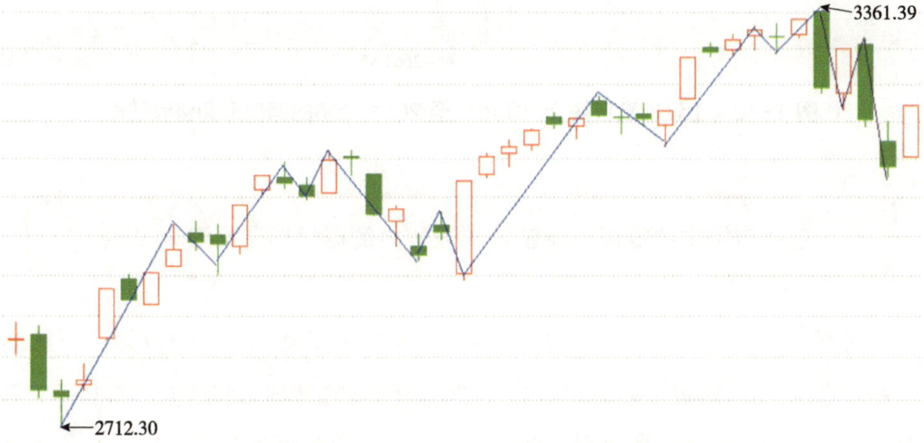

图 1-39　上证指数日线 2009 年底锯齿形调整浪结构

图 1–40 为上证指数日线在 2010 年底至 2011 年初呈现的一个向下的锯齿形调整浪结构和紧随其后的一个向上的锯齿形调整浪结构。其中第一个向下的锯齿形调整浪 5–3–5 结构中，两个向下的五浪结构被一个顺势平台形调整浪隔开。第二个向上的锯齿形调整浪中，两个向上的五浪结构中间隔的是一个三角形浪 b，这种情况在《市场行为的关键》一书中没有被提及，但在其附图列举说明锯齿形调整浪时，隔开两个五浪结构的，正是一个三角形结构。同时，该锯齿形调整浪也并不单独出现，而是作为联合形调整浪的一个组成部分的"w"浪出现。这个向上的锯齿形调整浪的后一个五浪结构为终结倾斜三角形模式，提示了反弹结束后的急剧下行。

图 1–40　上证指数日线 2010 年底至 2011 年初的锯齿形调整浪结构

空头市场中的锯齿形调整浪一般称为倒锯齿形调整浪。

按照这一描述，锯齿形调整浪似乎应该出现在浪 b 这样的位置上。从笔者的经验来看，其实更多会出现在浪 2 位置上的锯齿形调整浪，并非一个简单的向下调整，而是向上调整的浪 2–b，而那个看起来陡直的下行调整段落是浪 2–c。

有时锯齿形调整浪会连续出现两次，或者三次，但不会更多。这种情况一般会发生在首次锯齿形调整浪出现，但回撤幅度未达标时。这时，各个锯齿形调整浪会被一个三浪结构分隔开来，称为双重锯齿形调整浪和三重锯齿形调整浪，类似推动浪中的延长浪，出现概率较小。

这个判断是一个折中的结果，应该说与延长的概念其实有很大的差距，因为前文我们曾经分析过，延长是与等长伴生的现象，双重锯齿与三重锯齿更多相似之处应该表现在与联合形调整浪之间的比较。其定义方式与定义联合形调整浪的出发点如出一辙。因而双重或者三重锯齿形调整浪也必然成为波浪理论研究者群体内部争议的又一高发区。在《市场行为的关键》一书中，我们已经看到，作为当代波浪理论掌门人的普莱切特在弥补创始人艾略特的疏漏。但是，双重或者三重锯齿形调整浪与联合形调整浪不同的地方在于锯齿形内部的 5–3–5 结构，与终结倾斜三角形的 3–3–3–3–3 区别在于，终结倾斜三角形在浪 1、浪 3、浪 5 的位置上，必须呈现 5–3–5 的结构。尽管无论是艾略特还是普莱切特，都没有明确表示如何界定终结倾斜三角形内部子浪结构，但从逻辑推导上，我们可以得出这一结论：我们把终结倾斜三角形的 3–3–3–3–3 子浪结构一并展开，就是（5–3–5）–（a–b–c）–（5–3–5）–（a–b–c）–（5–3–5）。那么三重锯齿形调整浪不也正是这样的结构吗？用位置去区别两者是无力的。笔者推断，先哲们是用波浪铁律去卡，然后觉得有必要把三重锯齿形调整浪从终结倾斜三角形中剥离，以维护波浪铁律的权威性。把波浪铁律用在这里，浪 2 的回撤不是问题，浪 1 与浪 4 的重叠不是问题，问题出在谁是浪 3，因为浪 3 是不是最短成了问题。笔者以为，是浪 3 定义的位置出了问题，因为通常情况下，如果把终结倾斜三角形浪 1 的 5–3–5 结构中的第二个 5 定义为浪 3，基本上，这个所谓的"浪3"都不够长。这时，为了符合波浪铁律，就把终结倾斜三角形给定义成了三重锯齿形调整浪。而如果我们把浪3的位置还原到第二个5-3-5结构时，浪3不够长的问题就不复存在了。因此，笔者的观点是取消三重锯齿形调整浪的这种定义，让这种走势重新回归到终结倾斜三角形。

图1-41为科创板个股虹软科技（688088.sh）在上市后不久出现的所谓"三重锯齿形调整浪"。按笔者意见，这段走势应该定义为处于浪c位置的终结倾斜三角形走势。原因是，驱动浪之所以成为驱动浪，理由有二，一是幅度大，二是结构简单。将幅度大、结构简单的走势归类于调整，将会造成不必要的混乱。

图1-41　虹软科技（688088.sh）日线出现的三重锯齿形调整浪

为了纠正艾略特对双重和三重锯齿形调整浪内部结构标定的错误，普莱切特使用了一大段论述。从内容上看，笔者认为普莱切特的说法是正确的，但问题在于，如果按笔者看法，双重与三重锯齿形调整浪，直接归类至联合形调整浪或者终结倾斜三角形，才是终极解决方案。

平台形（3–3–5）

平台形调整浪对之前的推动浪回撤相对小，这种看法出自与锯齿形调整浪的比较。出现的位置往往在更大一级波浪的趋势较为强势的阶段，这时其前面或者后面的推动浪经常表现为延长浪。趋势越强劲，平台形调整浪就越短暂。推动浪的浪 4 通常为平台形调整浪，而浪 2 就很少见。

平台形（Flat）调整浪的结构是 3–3–5，应该说，这是最具代表性的调整浪，也是最常见的调整浪模式。不过，平台形调整浪和锯齿形调整浪相比是不是回撤小，并不一定。平台形调整浪在浪 c 位置有可能出现延长走势，使得平台形调整浪在后段出现较大的回撤。我们相信，所谓的回撤小，一定是基于普通平台形调整浪而言，因为下文在扩散平台形调整浪论述中，已经说明了其浪 c 会在远超浪 a 终点的位置结束。

图 1–42 为上证指数日线 2013 年上半年走势，其中反弹段落为典型 3–3–5 模式的平台形调整浪，由于浪 c 出现延长，拉高了整个反弹幅度。我们可以确定这是一个扩散平台形调整浪的运作模式。

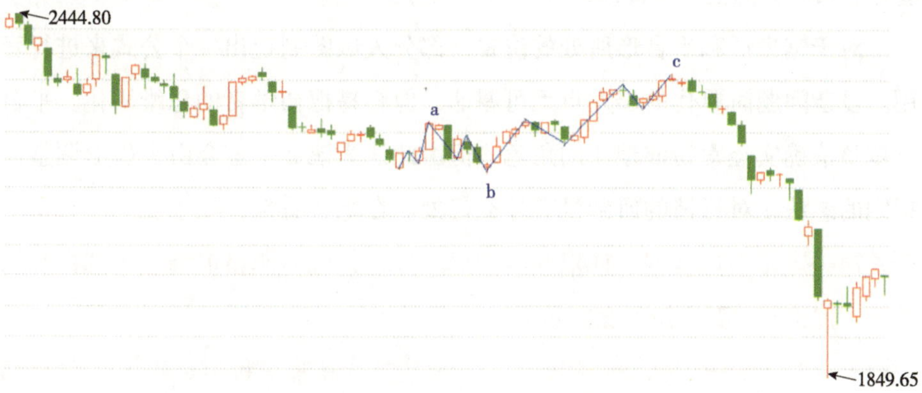

图 1–42　上证指数日线 2013 年上半年的扩散平台形调整浪

在某些位置出现的平台形调整浪，确实可以预示其后的走势会有强劲有力的表现，值得重视。但这时的平台形调整浪，外观看起来并不引人注目。

图 1-43 为上证指数日线 2014 年下半年的走势，11 月出现一个非常不起眼的小平台形调整浪，其后是令人瞠目结舌的金融股带领的暴涨走势。

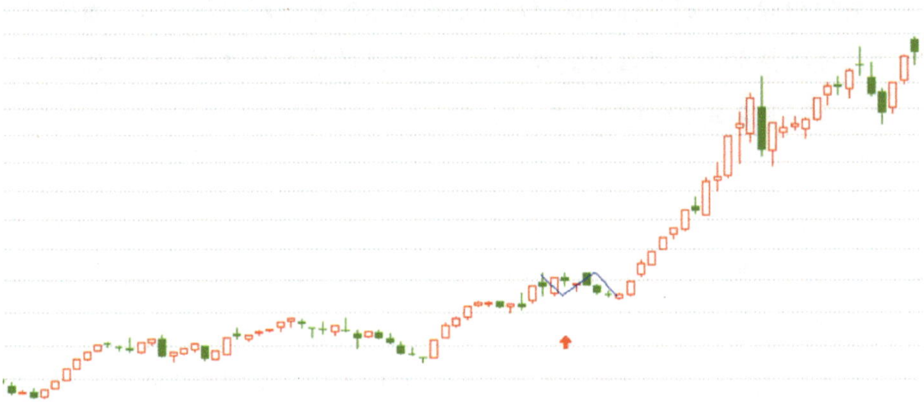

图 1-43　上证指数日线 2014 年下半年走势中暴涨前的小平台形调整浪位置

虽然说，越短暂的平台形调整浪之后的趋势越强，但这并不容易判定。因为一个短小的平台形调整浪也许只是三浪调整中的浪 a 而已，经过一个强势新高的浪 b，市场仍有可能被一个幅度较大的浪 c 拉回。这种情况会给极度看好后市的人浇上一盆冷水。

对于锯齿形和平台形所处的位置，部分人试图制定出一个公式来进行套用。复杂问题简单化的出发点无可厚非，但容易把初学者的思维固化。平台形调整浪确实经常扮演浪 4 的角色，但由此认为浪 2 一定会由锯齿形调整浪担纲的想法，对行情的研判没有什么好处。在笔者看来，除了能确定三角形调整浪一定是出现在浪 4 或浪 b 这一点之外，其他的调整浪结构出现在什么位置，似乎并没有固定的套路可寻。

普莱切特把平台形调整浪分成三种类型：普通平台形、扩散平台形和顺势平台形。笔者补充一种类型：收敛平台形。这样就变成了四种平台形调整浪。

1. **普通平台形调整浪**

普通平台形调整浪就是最规范的运行方式，艾略特说的是规则（Regular）平台形调整浪，以向下调整为例，浪 a 是一个向下的三浪结构，浪 b 则是一个向上的三浪，但反弹高点不会超过浪 a 开始位置的价格水平，浪 c 再向下创出新低，完成整个调整过程。定义为普通型，或者说规则型，意指作为一个调整浪，它的结构最能够反映常规的调整运行框架。但在实际走势中，我们想要找到一个教科书式的普通平台形调整浪，其实并不是非常容易。

图 1-44 为上证指数 2006 年中的日线图，图中形成了一个小级别的向下普通平台形调整浪。浪 b 在浪 a 起点下方结束，浪 c 创出浪 a 之后的新低。

图 1-44　上证指数日线 2006 年中出现的向下普通平台形调整浪

图 1-45 为上证指数 2007—2008 年日线图，图中呈现一个向上反弹的普通平台形调整浪，其中浪 c-1 出现延长迹象，使得浪 c 结束位置远高于浪 a 结束位置，这种情况比标准的普通平台形调整浪更为常见。

图 1-45 上证指数日线 2007—2008 年出现的向上反弹普通平台形调整浪

图 1-46 为上证指数 2010 年上半年日线图，图中呈现一个向上反弹的普通平台形调整浪，虽然看起来这个平台形调整浪的外观很像一个 5-3-5 结构的锯齿形调整浪，但细分结构证明其为 3-3-5 模式的普通平台形调整浪。

图 1-46 上证指数日线 2010 年上半年出现的向上反弹普通平台形调整浪

2. 扩散平台形调整浪

扩散平台形调整浪

扩散平台形调整浪，属于一种变体，包含超出之前推动浪价格端点的价格端点，艾略特称之为"不规则"平台形调整浪。其出现频率高于规则平台形调整浪。

根据艾略特的观点，在扩散平台形调整浪中，3–3–5 模式的浪 b 会在超出浪 a 起点的位置结束，浪 c 会在超出浪 a 终点的位置结束。

图 1–47 为上证指数日线 2009 年下半年走势，3478.01 之后走出五浪下行结构，浪 4 为扩散平台形调整浪。

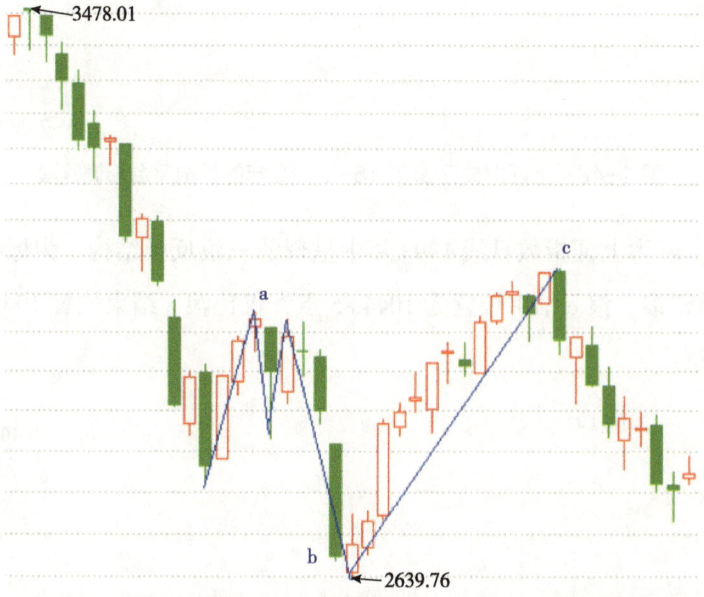

图 1–47 上证指数日线 2009 年下半年出现的扩散平台形调整浪

图 1–48 为上证指数日线在 2015—2016 年的一段调整走势，呈现扩散平台形调整浪结构，其中内部子浪浪 a 与浪 b 均为普通平台形调整浪的三浪结构，浪 c 出现了延长走势。

扩散平台形调整浪，也并非个个都会出现浪 c 结束位置远超浪 a 的情况。从前面的例子中我们可以看出，远超的结果是通过浪 c 的延长来实现的，如果没有出现延长，那么浪 c 结束位置与浪 a 接近也是正常的现象。

图 1–48　上证指数日线 2015—2016 年的扩散平台形调整浪

图 1–49 为上证指数日线 1993 年中呈现的三浪反弹结构，为标准的扩散平台形调整浪。浪 c 结束位置为 1044.85 点，仅比浪 a 结束位置 1042.47 点高出 2 点左右。

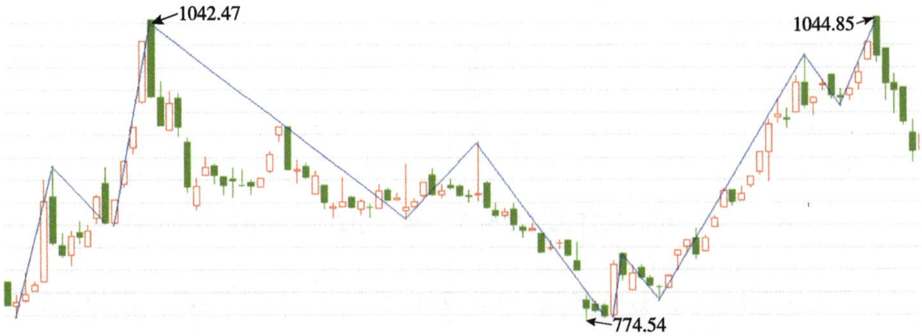

图 1–49　上证指数日线 1993 年中的扩散平台形调整浪

普莱切特的说法是非常有道理的，这种不规则的平台形调整浪，出现的频率确实远高于那种中规中矩的、所谓教科书式的规则平台形调整浪。不过，在笔者看来，这种高频率只是相对而言的，因为实际上最为常见的，应属下文即将提及的这种被称为“少见变体”的调整浪形态。

3. 顺势平台形调整浪

顺势（Running）平台形调整浪

顺势平台形调整浪，也是一个变体，浪 b 如同扩散平台形调整浪一般，在超出浪 a 起点的位置结束，但浪 c 却未能走完全程，不能到达浪 a 结束位置即告终结。明确地表现出更大级别波浪的趋势力道过于强势，导致调整结构向趋势结构倾斜，看起来好像是推动浪的衰竭。

顺势平台形调整浪基本上只会出现在强势市场的快速价格运动中，普莱切特认为其比较少见，我们研究的结果是，顺势平台形调整浪作为一种特定的价格结构，至少在 A 股市场中出现的频率并不低。

顺势平台形调整浪还有一个称谓，估计跟它的英文名字有关联，叫作奔走形调整浪。在实操中，如何正确判定顺势平台形调整浪至关重要，一般来说，笔者观察的结果是：顺势平台形调整浪往往会出现在浪 2 的位置上，当它出现时，预示了强劲主升浪的到来。

在这里，我们有必要提一下，提出顺势平台形调整浪概念的，估计是普莱切特。因为笔者翻阅了《艾略特名著集》中有关调整浪的相关内容，看到相关的调整浪分类定义明显具有不规范的地方，调整浪被分成了锯齿形、平台形和不规则形。在不规则形中，给出了两种形态，其中一种是前面提到的第二种形态，即扩散平台形调整浪，而另一种是我们即将在后面作为重要补充的收敛平台形调整浪。这样看来，在最初的波浪理论建立和完善过程中，是没有所谓的顺势平台形调整浪之说的，只是在《市场行为的关键》一书中才出现了顺势平台形调整浪。在《市场行为的关键》这一具有里程碑意义的波浪理论权威著作发表之时，普莱切特重新理顺了调整浪分类结构，但不知道什么原因，他并未提及在《艾略特名著集》这一波浪理论草创之初的著作里就已经被标注的收敛平台形调整浪。

我们也同样不知道，为什么普莱切特会在不能提供具体案例作为支持的条件下，依然坚持列出顺势平台形调整浪这一类型。我们只知道，顺势平台形调整浪非常重要。当然，普莱切特说得很对，在价格行进过程中，过早判定顺势平台形调整浪的出现，具有很大风险。但如果在形态结构完整时能确定顺势平台形调整浪的存在，几乎就可以确定接下来的强势推动浪了。笔者因此更愿意称呼它的另外一个名字，奔走形调整浪。这个名字，按说应该是粤语的名称，因为方言保留了中国古代汉语的部分词义，古汉语的“走”，就是现代汉语里面的“跑”，奔走形，就是奔跑形，即其英文名字的汉译，这个名字是非常形象的。当然，使用者必须注意的是，尽管顺势平台形调整浪的浪 c“没有走完全程”，显现出类似“失败”或者“衰竭”的感觉，但是，作为调整浪，我们必须指出，顺势平台形调整浪在浪 c 结束位置必然符合净回撤的基本要求。

那么，为什么普莱切特无法提供实际案例来证明顺势平台形调整浪的存在呢？笔者以为，原因有二：一是顺势三角形更多见，因此当一个浪 b 给出新高价格时，作三角形考虑更为稳健，更何况浪 2–b 也往往会走出顺势平台形调整浪的结构。二是联合形调整浪作为万法归一的解决方案，可以解释所有难以解释的形态，如同一个快捷方式，让研究人员懒得费脑筋去划定顺势平台形调整浪的结构。

图 1–50 为上证指数 2000 年下半年日线图，自 1874.21 点至 2125.72 点为五浪上升结构，其浪 2 为顺势平台形调整浪，在浪 2–b 创出新高后，浪 2–c 虽然无法完成常规目标，但仍保证了净回撤。

图 1–51 为上证指数 2007 年下半年日线走势，自 3563.54 点至 6124.04 点的五浪上升结构中，尽管我们无法明确细分结构，但从日线结构看，浪 2、浪

3–2、浪 5–2，几乎均为平台形调整浪，而浪 4、浪 3–4 均为相对陡直的下跌，因此简单地认为浪 2 一定是锯齿形调整浪，而浪 4 为平台形调整浪的想法，可能更多出于一厢情愿。

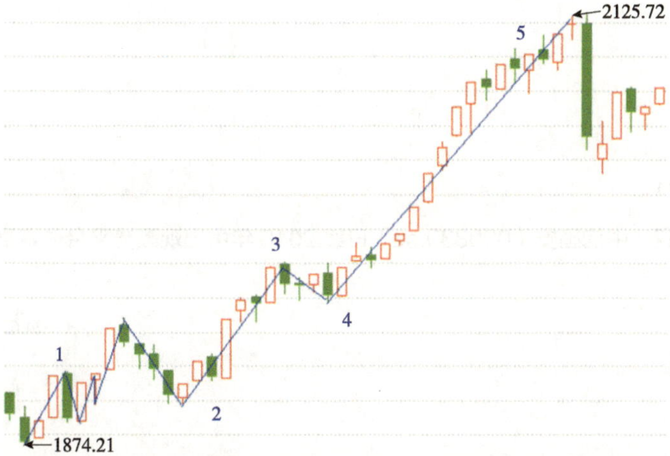

图 1–50　上证指数日线 2000 年下半年的五浪上升结构

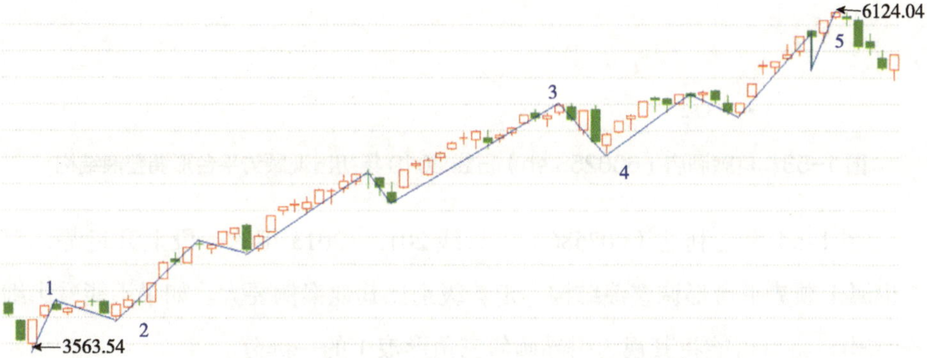

图 1–51　上证指数日线 2007 年下半年的五浪上升结构

图 1–52 为中信国安（000839.sz）日线 2016 年中的一段反弹走势，浪 2 位置出现顺势平台形调整浪结构。

图 1–53 为首旅酒店（600258.sh）日线 2019 年初的一段反弹走势，浪 2 位置出现顺势平台形调整浪结构。

图 1-52 中信国安（000839.sz）日线 2016 年中出现顺势平台形调整浪结构

图 1-53 首旅酒店（600258.sh）日线 2019 年初出现顺势平台形调整浪结构

图 1-54 为亿利达（002686.sz）日线 2012—2013 年的一段上升走势，浪 2 也属于顺势平台形调整浪结构，走势级别比其他案例要大。如果不能看出细分结构，将有可能将其视为引导倾斜三角形浪 1 的一部分。

如图 1-55 所示，上证指数日线 2004—2005 年的下行走势中，在 2005 年初这个位置上，出现了顺势平台形调整浪。尽管外形很难让人联想到平台形调整浪结构，但由于内部明确的 3-3-5 模式，其为顺势平台形调整浪无疑。

图 1-56 为上证指数日线 2010 年中的一段反弹走势。五浪上升结构中的浪 4 呈现出顺势平台形调整浪模式。

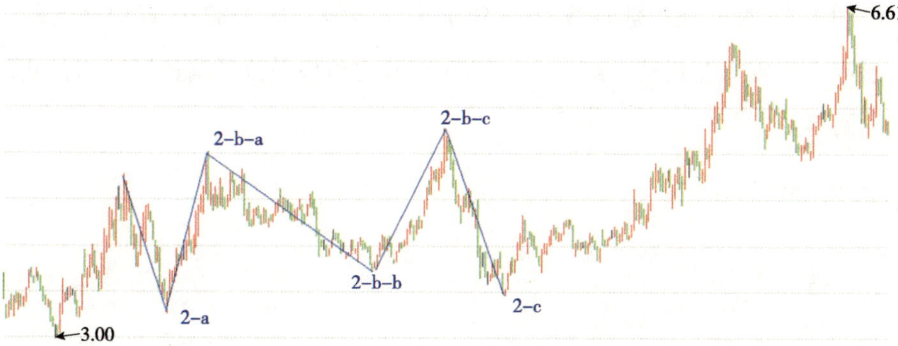

图 1-54 亿利达（002686.sz）日线 2012—2013 年出现顺势平台形调整浪结构

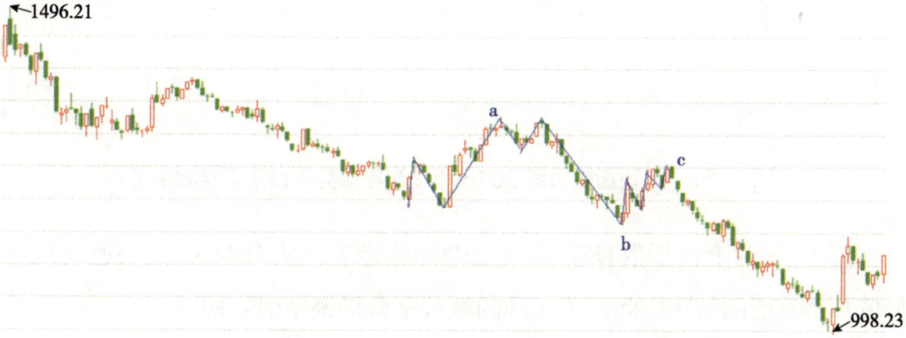

图 1-55 上证指数日线 2005 年初顺势平台形调整浪结构

图 1-56 上证指数日线 2010 年中顺势平台形调整浪结构

图 1-57 为上证指数日线 2018 年上半年走势。从 3587.03 点快速下跌之后形成一个较为宽泛的中继平台，呈现典型的顺势平台形调整浪结构，此后继续回落。

图 1-57 上证指数日线 2018 年上半年顺势平台形调整浪结构

图 1-58 为上证指数日线 1993—1994 年走势，从 1044.85 点快速下跌后，形成一个宽泛的整理区间，为标准的顺势平台形调整浪结构。

图 1-58 上证指数日线 1993—1994 年顺势平台形调整浪结构

图 1-59 为上证指数日线 2015 年上半年走势。在到 5178.19 点最高点之

前的浪 4 位置出现了一个顺势平台形调整浪。

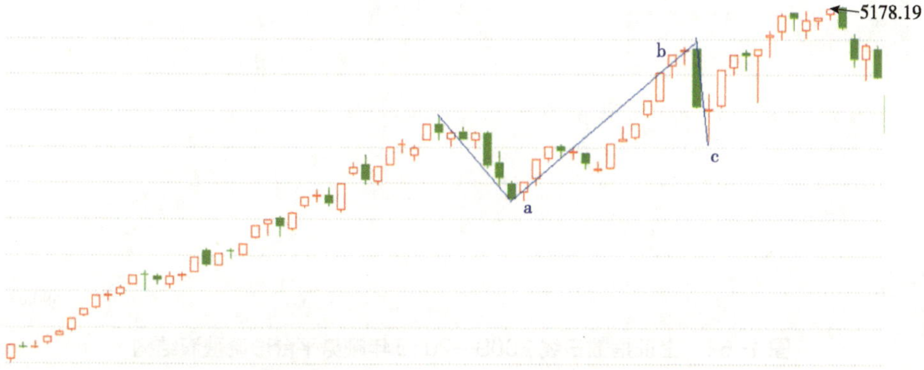

图 1-59 上证指数日线 2015 年上半年顺势平台形调整浪结构

图 1-60 为上证指数日线 2010—2011 年走势。从图中可以看到，从 3186.72 点快速下跌之后，走势在两个级别上分别出现了三个顺势平台形调整浪，足见顺势平台形调整浪出现频率之高。

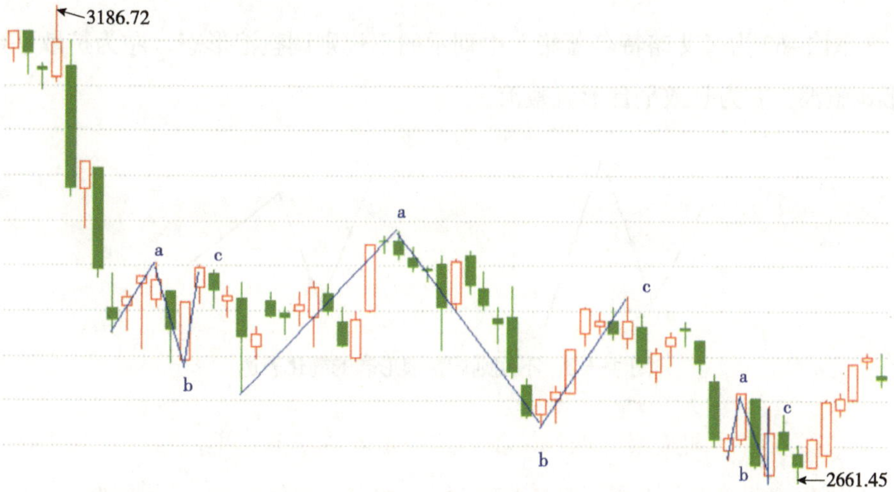

图 1-60 上证指数日线 2010—2011 年出现的三个顺势平台形调整浪结构

图 1-61 为上证指数日线 2009—2010 年走势，3361.39~2890.02 点的三浪调整过程中，浪 b 为顺势平台形调整浪结构。

图 1-61　上证指数日线 2009—2010 年顺势平台形调整浪结构

4. 收敛平台形调整浪

收敛平台形调整浪与扩散平台形调整浪的表现正好是相反的，最初同属于艾略特所定义的不规则调整浪。但是，在普莱切特重新规范波浪理论构成的时候被无视了。笔者经过多年的观察发现，收敛平台形调整浪出现的频率一点儿都不低于扩散平台形调整浪。

图 1-62 为《艾略特名著集》中列示的不规则调整浪形态，左为扩散平台形调整浪，右为收敛平台形调整浪。

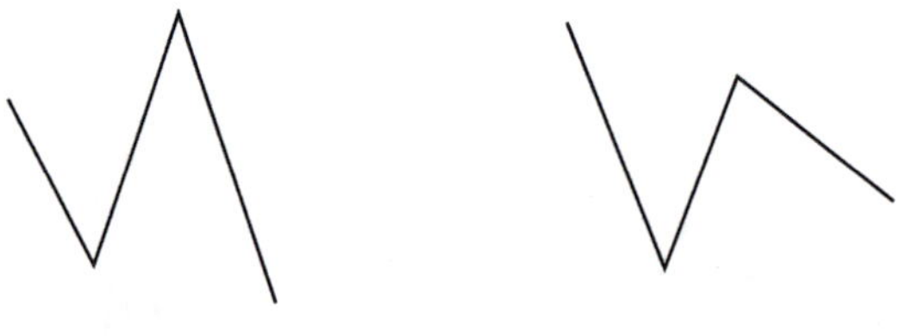

图 1-62　不规则调整浪形态的简化表达

收敛平台形调整浪出现的位置通常在浪 4 或浪 b 这里，这一点与水平三角形调整浪完全相同。那么我们其实可以做一个超级分类，即顺势平台形调整浪、扩散平台形调整浪为一组，收敛平台形调整浪、水平三角形调整浪为一组。对比观察的结果是，形态中价格水平的扩张，意味着推动力量的增长，而形态中价格水平的收缩，意味着推动力量的衰退。另外，我们也可以把水平三角形调整浪视为收敛平台形调整浪的延长，当然，这个想法细究起来是有破绽的，因为 3-3-5 模式无法延长成 3-3-3-3-3 模式，但同样的收敛，带来了即将出现更大级别走势结束段落的同样预估效果。

图 1-63 为上证指数日线 1993 年底走势。774.54~1044.85 点上升过程为顺势平台形调整浪的浪 c，其中浪 4 为典型的收敛平台形调整浪。

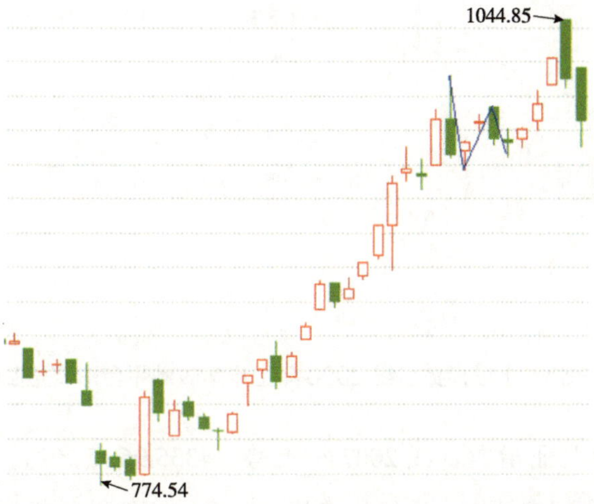

图 1-63　上证指数日线 1993 年底收敛平台形调整浪结构

图 1-64 为上证指数日线 1994 年下半年走势，从 1052.94 点之后快速回落接近 1/2，接下来形成一个收敛平台形反弹调整浪。其中，在浪 c-4 位置，又一次形成了收敛平台形调整浪。

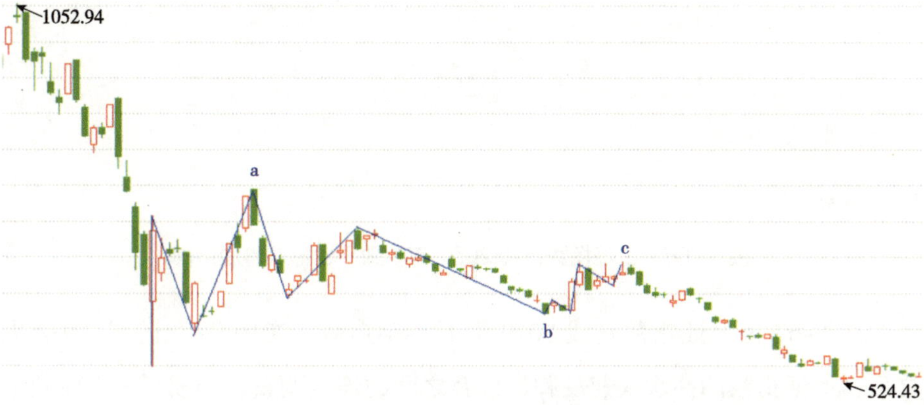

图 1-64　上证指数日线 1994 年下半年收敛平台形调整浪结构

图 1-65 为上证指数日线 2000 年上半年走势，1341.05 点之后上升过程的浪 4 位置出现了收敛平台形调整浪。

图 1-65　上证指数日线 2000 年上半年收敛平台形调整浪结构

图 1-66 为上证指数日线 2007 年走势，4335.96 点之后，上证指数走出收敛平台形三浪调整结构。虽然从细分结构看，不能算是收敛平台形调整浪，因为类浪 a 结束位置的低点由浪 b-b 形成，但如果是周线这种更大级别线图，因无法观察细分结构，可直接视同收敛平台形调整浪。

图 1-66　上证指数日线 2007 年收敛平台形调整浪结构

图 1-67 为上证指数日线 2019 年下半年走势。2019 年“十一”黄金周之后，上证指数的两次快速反弹，以及之间的连接调整，构成了一个收敛平台形调整浪。

图 1-67　上证指数日线 2019 年下半年收敛平台形调整浪结构

三角形调整浪

三角形调整浪是一种双方势均力敌的表现，无论成交水平还是价格波动都在衰减，渐进地演变成为一段横盘过程。细分子浪结构为 3–3–3–3–3 的五个重叠浪，标志为 a–b–c–d–e。重叠水平与驱动模式的五浪迥乎不同，不会产生混乱。三角形的得名源于连接浪 a 与浪 c 的终点，浪 b 与浪 d 的终点即可明显识别出三角形形态。浪 e 结束的位置有时不到或者超出浪 a 浪 c 连接线。

在波浪理论中，将收敛三角形调整浪中的浪 b 超出浪 a 起点的模式命名为顺势三角形调整浪。其约束条件有二：外形可定义为横盘整理区；浪 e 结束位置产生净回撤。

有时，浪 e 也是一个三角形调整浪结构，可视为三角形模式的延长，我们称之为九浪三角形。

三角形调整浪出现的位置一般都会在更大一级波浪的最后一个作用浪之前，即推动浪的浪 4，三浪调整模式中的浪 b，或者双重锯齿形调整浪、三重锯齿形调整浪以及联合形调整浪中的最后一个浪 x。有时，三角形调整浪也会作为联合形调整浪的最后一浪。有时推动浪的浪 2 看起来也好像是三角形调整浪的模样，但这个三角形通常都是整个调整浪的组成部分，我们可以简单理解整个调整浪为双重三浪即可，当然这种情况较为少见。

股票市场中推动浪浪 4 位置出现三角形调整浪时，后面的浪 5 大多属于“短平快”。量度升幅按三角形调整浪最宽幅度预计。艾略特使用“冲击”（Thrust）来描述三角形调整浪之后的价格表现，不过普莱切特对这个冲击的解释是，它可能是推动浪，也可能是终结倾斜三角形。当市场过于强势时，延长的浪 5 将会取代冲击，如果三角形调整浪之后的浪 5 超出了冲击的量度范围，浪 5 延长的可能性更大。期货市场里的三角形调整浪之后，中浪及更大级别的上升推动浪，常常是当前波浪序列中最长的。

最能代表浪 4 价格行为特点的就是三角形调整浪。三角形调整浪其实是一个非常特殊的调整浪，内部结构以 3–3–3–3–3 的方式展开，并以调整浪的方式命名：浪 a–b–c–d–e。与代表性的锯齿形（5–3–5）和平台形（3–3–5）相比，不仅是多了一个回合的较量，而且没有以五浪结构作为结束段。与陡直的调整相比，三角形调整浪是最能展现“以时间换空间”调整意图的调整浪。与其说是调整，三角形调整浪似乎更适合使用另一个词来描述：整理。就像某首歌里唱的：“我踩着不变的步伐，是为了配合你到来。”按《市场行为的关键》一书所说，这“反映一种力量的平衡”。在一段声势浩大的推动浪之后，如果价格的运动展示出了平衡的表现，这个平衡就是一种暗示。因此，三角形调整浪几乎总是在大一级波浪的倒数第二个位置出现。浪 4 和浪 b 就是三角形调整浪经常盘踞的位置。绝大多数情况下，三角形的出现告诉我们，当前价格趋势“差不多了”。差多少呢？大概还差“一哆嗦”。传统的技术分析手段在三角形之后，会给出一个量度升幅的预计，这是常规的逻辑，但需要注意，价格走势不遵照量度升幅的指导乱跑的情况屡屡出现，甚至在三角形之后走出延长也并非不符合逻辑。浪 2 位置，前面我们也提及过，一般不会出现三角形调整浪，如果出现，需要看仔细，因为它通常是浪 2–b。但是这个调整浪未必是双重三浪。《市场行为的关键》一书中提供的案例，走势尚未结束，作为结构来说尚未定性。

三角形调整浪分为两种：规则三角形调整浪和顺势三角形调整浪。

规则三角形调整浪，就是我们心目中那种理想的三角形，中规中矩。也分为两种：收敛规则三角形调整浪和扩散（扩张）规则三角形调整浪。在传统技术分析特别是形态分析中，规则三角形调整浪的讲解已经非常完备，在这部分中，波浪理论没有提出什么标新立异的内容，我们不准备用太多的笔墨来普及。需要注意的是，这种规则三角形调整浪，总是以一个相对隐蔽的姿态出现——往往出现的时候，我们几乎并不能意识到，它其实是一个三角形调整浪。而更加常见，并以一个醒目的姿态出现的，其实是那种顺势三角形调整浪。

图 1–68 为顺势三角形示意图，左侧为牛市型，右侧为熊市型。

图 1–68　顺势三角形调整浪形态的简化表达

图 1–69 为上证指数 1995 年的日线图，细分结构为明确的收敛规则三角形，但形态看起来没有任何特点，以至于在相当长的时间里，都无法确认这里的浪形是一个三角形结构。在这个三角形调整浪中，浪 a 承担了最复杂的任务，而不是常规的浪 c。

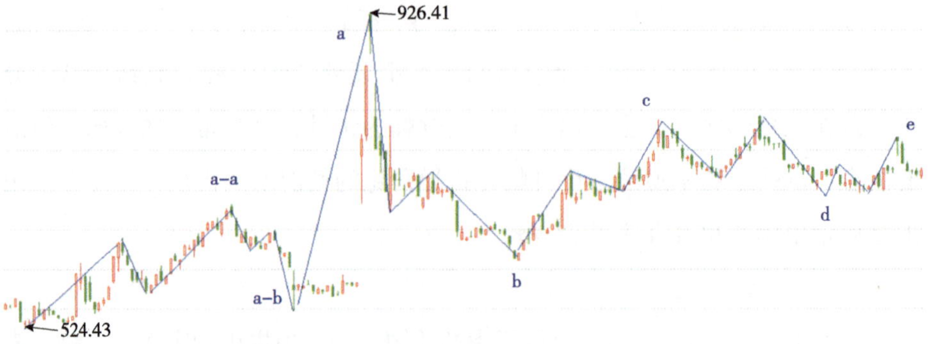

图 1-69 上证指数日线 1995 年的三角形调整浪走势图

顺势三角形调整浪，定义是浪 b 超过了浪 a 的起点。所以在最初的调整段落里，其实无法区别正在运行的到底是顺势平台形调整浪，还是顺势三角形调整浪。需要注意的是，顺势形调整浪，尽管在趋势方向上，进入调整后价格仍然有所突破，但所谓调整就是要求在调整浪结束位置，或者称为终点，“对前面的波浪产生净回撤”。我们举例说明，在牛市中，顺势三角形调整浪，尽管在浪 b，乃至浪 d 位置比照三角形浪 a 起始的价格点都创出新高，但作为一个调整浪，在浪 e 完结的位置，价格必须低于浪 a 起始位置价格。这就叫作对前面的波浪产生了净回撤。这个净回撤，实质上是对所有调整浪的绝对性的要求，如果不能遵守这个要求，那么我们将无法界定调整与推动之间的区别。

三角形调整浪的大多数子浪是锯齿形调整浪，在这个锯齿形调整浪子浪的内部，用于连接两个五浪结构的浪 b，经常会发现三角形调整浪的踪迹。锯齿形调整浪和三角形调整浪，作为调整浪的两个代表，一个追求调整的幅度，另一个以时间换空间，却以这样紧密的方式组合，体现了“阴中有阳，阳中有阴”这样一种天道逻辑，这也许是波浪理论是一种“自然法则”的又一论据。

图 1-70 为上证指数 2009—2011 年日线图，图中显示了持续时间长达 19 个月的顺势（熊市）三角形调整浪。其中浪 b 担纲最复杂段落，而浪 c 也不算简单，特别是浪 c-b 深幅顺势调整以及随后的浪 c-c 放量上攻的五浪结构

极具迷惑性，很容易让人把整个一个三角形调整浪看成两个形态。

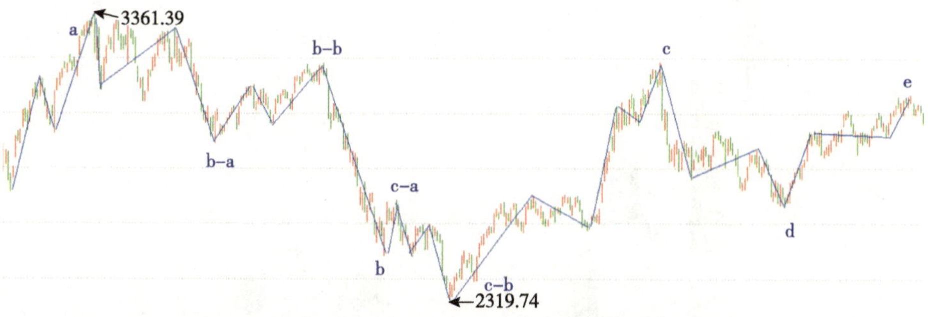

图 1-70　上证指数日线 2009—2011 年的顺势三角形调整浪结构

在三角形调整浪的五个子浪中，有时（请注意不是一定）会有一个子浪，通常是浪 c，比其他四个子浪都要复杂。

图 1-71 为上证指数 2003 年日线图上呈现的一个三角形调整浪，如果不是从细节推敲，很难想象这个位置会出现三角形调整浪，浪 b 创出新高，但却并非顺势三角形调整浪，应定义为规则三角形调整浪。同时，它也无须被定义为双重三浪的一部分。

图 1-71　上证指数日线 2003 年的三角形调整浪结构

图 1-72 为上证指数 1999 年中的日线图小级别调整波段，整体为 5-3-5 结构，中间为顺势（熊市）三角形调整浪。注意调整浪必须形成净回撤。

图 1-73 为上证指数 2010 年初日线图，大级别三角形调整浪中的浪 e 为向上反弹锯齿形调整浪，5-3-5 结构的中间为顺势（牛市）三角形调整浪。

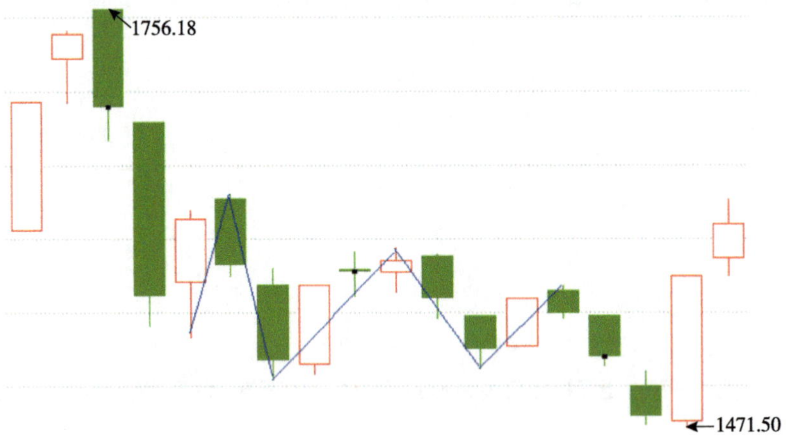

图 1-72 上证指数日线 1999 年中的一个小级别顺势三角形调整浪结构

图 1-73 上证指数日线 2010 年初的顺势三角形调整浪结构

图 1-74 为上证指数 1994 年初日线图，顺势平台形调整浪中，浪 b 为向下锯齿形调整浪，5-3-5 结构中间为顺势（熊市）三角形调整浪。

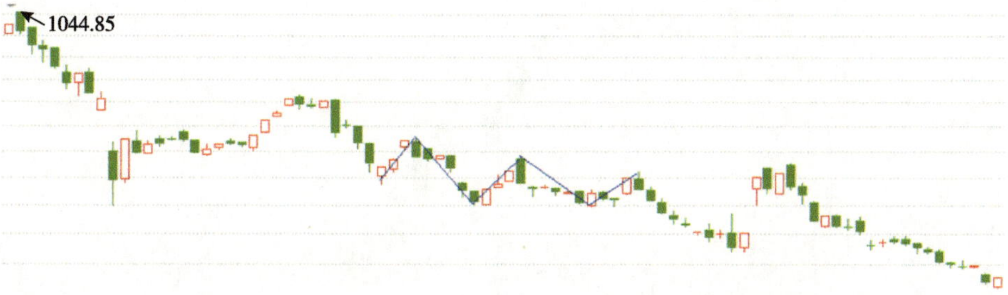

图 1-74　上证指数日线 1994 年初的顺势三角形调整浪结构

图 1-75 为上证指数 2015 年下半年的日线图，在向下锯齿形调整浪中，5-3-5 结构中间为顺势（熊市）三角形调整浪。此三角形调整浪结构相对隐蔽，不易识别。

图 1-75　上证指数日线 2015 年下半年的顺势三角形调整浪结构

图 1-76 为派生科技（300176.sz）2015 年中日线图，出现三角形调整浪后，浪 c 段下跌出现延长走势，按量度测幅有时会令人大跌眼镜。

图 1-76　派生科技（300176.sz）日线 2015 年中三角形调整浪结构

图 1-77 为上证指数 2013—2014 年日线图，在这个区域中，逐渐收敛的走势形成了一个相对较为罕见的九浪三角形结构。按艾略特的说法，浪 e 为三角形调整浪，将五浪的三角形结构延长为九浪。按时间框架匹配考虑，这个说法是合理的。

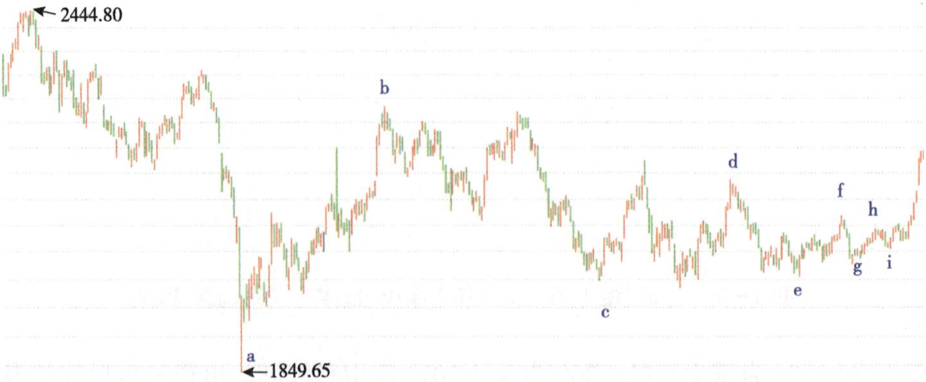

图 1-77　上证指数日线 2013—2014 年九浪三角形结构

图 1-78 为北京君正（300223.sz）2015—2018 年日线图，12.19 元起的上升中，自 2015 年 11 月 25 日的 35.33 元开始进入三浪调整结构，其中浪 b 反

弹走出九浪三角形结构。

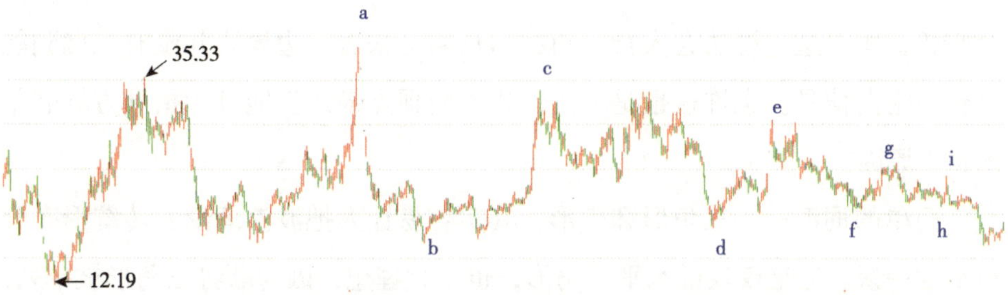

图 1-78　北京君正（300223.sz）日线 2015—2018 年九浪三角形结构

按普莱切特的权威看法，收敛三角形调整浪的两边连接线交会点，通常会是价格转折点，尽管他认为这一模式出现的频率足够高，但这一模式并未被收录在指导方针中。

三角形调整浪的特点是横走，研究中提出的“水平”一词，表达的是横走的概念，意指三角形调整浪，而“倾斜”的概念，定义的是驱动结构。因此水平三角形说的是三角形调整浪，而倾斜三角形说的是归类于驱动浪的特殊结构。有人使用“三角形”和“楔形”这种简单的称谓来进行区分。

关于三角形边界线的顶点是否提供了市场转折的信号这一问题，笔者持不同意见。因为遍观我们的主要案例，上证指数的三角形走势中，边界线没有能够提供有力的证据证明三角形调整浪具备提供转势信号的能力。按规则，边界线的连接使用的是浪 a 与浪 c 结束价格点的连接和浪 b 与浪 d 结束价格点的连接，两线交叉点提示转折。不过，使用对数图表与算术图表形成的差异没有被考虑，转折的级别也没有被定义。因此，在价格曲曲折折的走势中，其实很容易让顶点碰到一个转折。只是这个转折是否具有操作意义呢？在传统的形态分析中，曾经提及这个问题，不过笔者一直没能攻克这一课题，尚未找到边界线顶点与转折点的内在联系规律。

我们猜测是因为三角形作为大一级波浪中倒数第二的位置，随后会有一个转折，所以这一说法会大行其道，但从实证来看，边界线并没有准确到能够作为指向信号。也许这也是三角形边界线顶点最终没能进入指导方针名单的根本原因。

简单的词汇——三角形和楔形，其实容易让人把波浪理论和传统形态分析混为一谈。但是仅仅说水平三角形，也不太理想，因为顺势三角形被单列，没有包含在水平三角形当中。

联合形（双重三浪和三重三浪）

艾略特将两个调整模式连接在一起的横走结构定义为“双重三浪”，三个就叫作“三重三浪”。

这种联合形调整浪由更简单的调整浪类型构成，包括锯齿形调整浪、平台形调整浪和三角形调整浪。外观很像平台形调整浪的横向延长。

一般来说，波浪理论的初学者，在联合形调整浪这里容易发生认识混乱，其主要原因是没有搞清楚调整浪的基本结构。简单地说，调整浪的基础模式就是3–3–5或者5–3–5。那么，不管初始的浪a是一个三浪结构还是五浪结构，浪c都必然是一个五浪结构。这是一个关键点，很多人就是因为不清楚浪c到底是一个什么角色，从而对调整浪感到困惑。然而到了联合形调整浪这里，其实是打破了之前的这种规则，给出了一个3–3–3模式，然后为了与常规的调整浪结构有所区别，将其标识为w–x–y，而不是标识为a–b–c。要注意这里类似浪c的位置上，出现的仍然是一个三浪结构，而不是浪c的那种五浪结构。这是联合形调整浪的特殊之处。

在笔者看来，联合形调整浪是一种方便法，而不是究竟法。或者说，它是一种权宜之计。其设立的目的是追求效率。因为在遵从波浪理论原则的立场之上，没有必要过分弄清波浪内部结构的细节。一方面，当走势周期上升至更大级别，例如，从小时图上升到日线图乃至周线图等时，价格变动的细节逐渐被隐没，此时，我们只需要确定三浪的调整结构就可以了。另一方面，阅读过《艾略特名著集》的读者也许应当意识到，在波浪理论发展的过程中，最初建立的目的是解决交易的问题，而不是抠细节、钻牛角尖儿。联合形调整浪恰好可以解决这个问题。调整浪的特点就是走势复杂，当复杂的走势出现以后，我们没必要和走势较劲，从平台形、锯齿形到三角形、联合形，其实是走势从简单到复杂的过渡。我们应该感谢先哲设立的联合形调整浪这个“筐”，将所有复杂到极致的走势一网打尽，让我们把有限的精力投入其他方面的研究。

在《市场行为的关键》一书中，普莱切特在联合形调整浪章节中也提到了双重锯齿形调整浪，这是因为之前我们也曾说过，双重锯齿形调整浪其实也应该算是联合形调整浪的组成部分。从细节上，笔者建议取消双重锯齿形调整浪这种分类。从简洁角度考虑，双重锯齿形调整浪应该纳入联合形调整浪的内容。

在这里我们有必要再提一下，双重锯齿形调整浪相关内容中，普莱切特对艾略特进行双重锯齿形调整浪子浪划分时所犯逻辑错误的纠正，同时也应该适用于联合形调整浪。即，双重调整浪 a–b–c–x–a–b–c，实际上应该是（a–b–c）–x–（a–b–c），并重新把 x 标识为 w–x–y。这种情况的出现，其实是因为所谓的浪 x 位置，真的就是一个单一的波浪结构，所以艾略特的意思是想告诉大家，这个位置看起来就是简单的一波走势，细分结构并由此推导出的逻辑错误，是在普莱切特进行理论拔高时发现的。按逻辑推，普莱切特肯定是对的，但艾略特最初建立波浪理论的时候，应该是本着实用主义的原则，并且在发现过程中，很多细节非常有可能尚未来得及推敲。如果按笔者思路，两位先哲的分歧其实完全可以不出现，因为联合形调整浪以及双重锯齿形调整浪的划分是可以取消的。

水平调整和非水平调整，在笔者看来，也属于一种过渡性质的观点。当样本越来越多的时候，我们会发现，在这方面并没有一定之规，希望读者不要让自己的思维僵化。

在有关5个、9个、13个、17个浪属于推动浪，3个、7个、11个、15个浪属于调整浪这个问题上，笔者以为，这是典型的事后诸葛亮，是以研判为主要目的的说法。仅仅根据波段的数目定乾坤，还是过于简单了——当有过多的波段出现时，至少以笔者粗浅的功力，很多时候是分不清楚到底有多少个波段的。如果只有3个、5个、7个浪，还能分得清，多了以后就几乎分不清了。**依笔者经验，还是根据重叠与否来看比较合适，特别是在价格行进过程当中，就算分清楚了波段数目，意义也不大，因为在行进中如何确定当前的整体波段已经结束了，才是根本问题。**

正规的（Orthodox）顶和底

部分情况下，一个波浪模式的结束点与相关价格的端点不同。这个时候，我们必须确定浪5的终点是正规的顶或底。正规的顶或底这个概念非常重要，因为正确的分析取决于正确的标识。**在量度预测时，幅度和时间的精确预计基于正规的终点。前面我们说过，这个问题有两种情况：一是浪5衰竭（失败）；二是将顺势调整浪中浪b终点作为相关价格端点。在价格行进过程中，如果没有正确地标识出这两种情况，是非常有可能做出错误判断的。**例如，在下跌五浪之后，调整浪的浪b继续创出新低，分析人员有可能会误认为下跌出现了延长等。但如果需要标识正规顶或底的段落距现在相对久远，从更大级别考虑，正规的顶或底，相对也就没那么重要了。想象一下，日线图的细致结构其实根本无法从周线图或者月线图上得到区分。

图1–79为上证指数1992—1993年日线图，浪5走出衰竭（失败），1558.95点为浪3顶，明显高于浪5的1392.62点，但正规顶部在浪5的1392.62点。

图 1-79　上证指数日线 1992—1993 年浪 5 衰竭走势

图 1-80 为上证指数 2005 年上半年日线图，自 1254.32 点开始的下行，为终结倾斜三角形最后下跌段的 5-3-5 结构，其最后一个五浪结构结束点为 1004.66 点，为正规底部。998.23 点尽管为最低点，但并非正规底部。而且，在最后下跌的五浪结构中，1004.66 点也并非最低点，最低点在前面的 1004.08 点处，但 1004.66 点在最后一个五浪结构中也是一个正规底部。

图 1-80　上证指数日线 2005 年上半年浪 5 衰竭走势

图 1-81 为上证指数 2018—2019 年日线图，反弹浪的浪 a 始于 2449.20，为正规底部，而浪 b 创出的新低 2440.91 为价格端点。

图 1-81　上证指数日线 2018—2019 年浪 b 创新低走势

图 1-82 为上证指数 2009 年下半年日线图，这是一个较为特殊的例子，正规底部显然是在浪 5 结束的位置，但价格端点处于扩散平台形调整浪的浪 4-b 位置，即图中 2639.76 点。

图 1-82　上证指数日线 2009 年下半年浪 5 衰竭走势

衰竭的情况并不少见，难点在于如何把浪 5 衰竭与三浪模式进行区分。实事求是地说，想在价格行进过程中立即确定浪 5 的衰竭，难度是很大的，不如直接按三浪模式处理，这时浪 5 的衰竭类似一个三浪反弹之后再一个三浪下行的浪 b 反弹。只有在下跌浪完整后，才有机会判定浪 5 出现了衰竭。

图 1-83 为上证指数 1992—1994 年周线图，386.85~1558.95 点的上涨，只是浪 1~ 浪 3，之后浪 5 出现的失败，在当时是很难立即想象出来的，只有到 325.89 点的低点结束了调整后，才有机会考虑到这个可能性，而在运行时，可能更多是作为浪 b-c 来处理。

图 1-83　上证指数周线 1992—1994 年浪 5 衰竭走势

错误的概念和形态相关讨论

1. 不规则顶（Irregular Top）

关于不规则顶的相关论述，首先，笔者基本同意普莱切特在《市场行为的关键》一书中对有关浪形的数法，并在此基础上做进一步分析。前面我们说过，不规则调整浪中有两种模式，一种是扩散平台形，另一种是收敛平台形，但到了普莱切特这里只剩下扩散平台形，收敛平台形被取消了。这是因为艾略特为了解释所谓的不规则顶，在浪 2 位置上构筑了一个收敛平台形。这显然是一个“BUG”，原因前面我们也已经说过，收敛平台形调整浪出现的位置比照三角形调整浪，只应出现在浪4或浪b位置，浪2位置不允许出现。但如就此否定了收敛平台形调整浪的存在，这种"矫枉过正"是不可取的。毫无疑问，艾略特在纷繁芜杂的走势表象中能够抽取总结出波浪理论的基本原则，以非凡的科学眼光成就"丰功伟绩"，过程中的一些瑕疵并不会掩盖其光芒。而普莱切特的继承和发扬，真正奠定了波浪理论的历史地位，贡献不可磨灭。两位巨人奠定了波浪理论在业界的地位，都是我们一直在模仿而难以超越的先贤。

但是，在《市场行为的关键》一书中，有关不规则顶的所有讨论，均基于手写线条图形，并没有给出一个具体实际走势的案例。当然，这可能与近百年前制图难度大有关，但艾略特能够提出这样一种思路，笔者以为并非偶然的臆想。事实上，在上证指数的历史走势中，恰好出现了一种类似艾略特所描述的结构。

图1-84为上证指数1994—2001年周线图，这段325.89~2245.43点的上升段落，整体视为一个五浪结构的上升应无疑问，但对其浪形细节的划分却众说纷纭。图中，笔者标示出了按照艾略特提示浪形数法的五浪结构，我们可以明显看出浪5的延长表现。那么在浪5之后，出现的就是不规则平台形调整浪，这个调整浪的浪b创出了新高。这种数法就是迁就了艾略特的浪形构思，如果按普莱切特的考虑，浪形计数应该如图1-85所示。

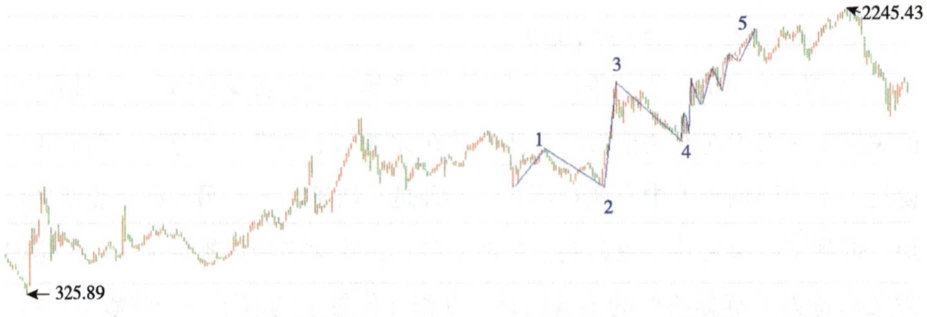

图1-84　上证指数周线1994—2001年按不规则顶计数时浪5位置

图 1-85 中对延长浪位置定义不同，这种浪形计数更符合普莱切特的构思。

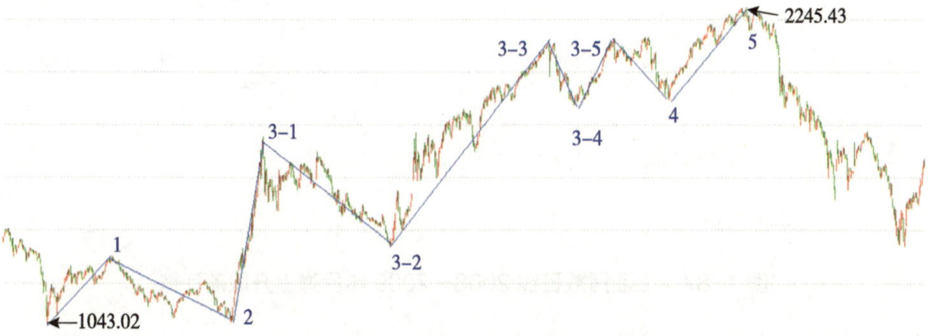

图 1-85 上证指数日线对应图 1-84 中浪 5 位置按浪 3 延长计数

图 1-86 为上证指数 1992—1993 年日线图，这里的浪形划分，有争议之处在于图中浪 2 位置可否定义为浪 4，但这样一来，相对难以解释前面的细节，因此普莱切特的划分方式更合理。

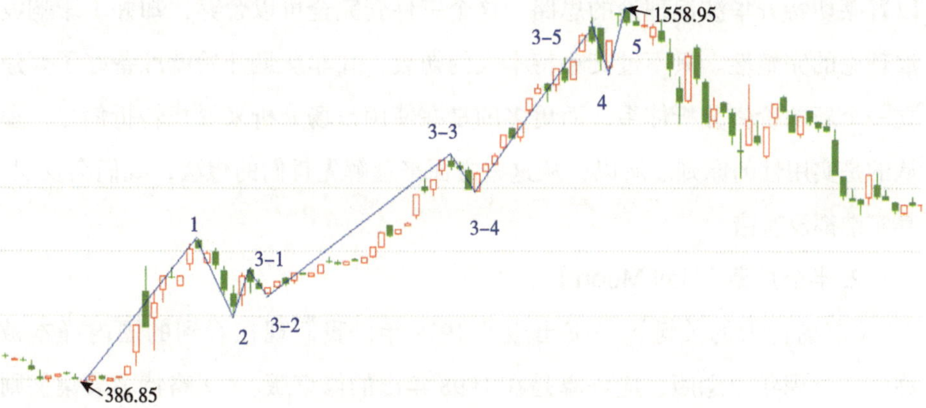

图 1-86 上证指数日线 1992—1993 年上升段落计数

图 1-87 为上证指数 2008—2009 年日线图，自 1664.93 点开始的反弹上升过程，与艾略特所描述的不规则顶走势极为相似，按图中计数方式看，普莱切特的浪形计数是正确的。

图 1-87 上证指数日线 2008—2009 年反弹上升段落计数

我们这样理解艾略特的初衷：波浪理论是一门从实践中总结提炼的、经验性的知识，依靠的是经验积累和归纳总结，那么不规则顶，以及后面的"半个月亮"，还有"A-B 底"，实际上都是艾略特本人经过长期的市场观察总结出的一个"底部—上升—顶部"三件套，通过外形观察，推出的一种市场研判组合指导意见。当然，这个观察，必须基于对浪形的划分和理解。然而，以普莱切特升华波浪理论的思路，这个三件套完全可以舍弃，却并不影响波浪理论的完整性。只不过艾略特本人的初衷，并非从最开始就准备好了要建立一个新的价格分析体系，而更多的是在使用市场分析来寻找转折信号，遵从的是实用性的原则。所以，从这些方面来理解先哲们的想法，我们会发现，其实谁都没有错。

2. 半个月亮（Half Moon）

《市场行为的关键》一书出版于 1978 年，我们现在看到的国内译本被称作二十周年纪念版，应该算是在 1998 年出的修订版。《艾略特名著集》则出版于 1980 年，也就是在前面一书出版的两年之后。为什么普莱切特要在《市场行为的关键》这样一个里程碑式的著作之后，再出版《艾略特名著集》呢？对比两本书籍的内容，笔者认为，这是一种非常认真和科学的态度。我们说过，为了让波浪作为一种严谨的理论，在《市场行为的关键》一书中，普莱切特不得不对先哲们的某些论述进行取舍，在《市场行为的关键》

一书成书之前，波浪理论尚不能被准确地称为一种理论，在英语中，Theory、Law、Principle、Regulation 均被赋予了不同的含义。《市场行为的关键》一书侧重的是作为一种理论的科学性，因此使用了很大篇幅来论证波浪理论的重要性和意义。而《艾略特名著集》一书的主要目的是将此前在波浪理论研究领域做出过重要贡献的先哲们的成果结集出版。而这些先哲们所进行的研究，更多地集中在实用性的方面。

“半个月亮”，用普莱切特的说法，并不是独立存在的模式，我们经常可以发现这种形状。这个说法是中肯的，但正因为如此常见，才有总结的必要。这个发现，其实对初出茅庐的市场参与者来说，起到了很好的提点作用。但是，因为这个“形状”与现有的波浪理论体系没有明显联系，可能更多地应该划分至形态分析范畴，在建立波浪理论体系时，暂时没办法妥善安置这“半个月亮”，因此可以考虑先搁置一下。

3. A–B 底

应该说，“A–B 底”确实在一定程度上给普莱切特带来了困扰，他宣称从未见过这个东西。那也就意味着，在“A–B 底”这个问题上，普莱切特对艾略特的说法“无法理解”。笔者试图还原艾略特在创立波浪理论过程中的思维发展轨迹。从某种意义上说，波浪结构应该归类为一种特殊的形态分析，从现象到本质、从具体到抽象。那么在最初的观察中，必然是从形态起步，“半个月亮”就应该属于一种纯粹的形态逻辑，而“A–B 底”则属于一种建立在波浪结构基础上的形态模式。因此，单纯从波浪结构体系去理解“A–B 底”，特别是从普莱切特之后，研习波浪理论的人在系统学习波浪理论完整体系之后再来看“A–B 底”这种“变态”甚至“怪胎”，显然难以接受。但如果是在此之前，在波浪理论体系发展成熟之前，没有什么“确定、一定以及肯定”的规范存在，任何有可能对交易或者说操作有指导意义的表现，都不应该被忽视。不能见容于体系之内，那是体系建立后的事。完善和规范波浪理论体系是普莱切特的历史使命，而我们的任务则是学习先哲们的发现并应用于交易。

在《市场行为的关键》一书中，只有对"A-B底"的批驳，并没有对其进行确定性的描述和定义，《艾略特名著集》中，几乎是在全书的结尾，才用寥寥几行字略提了一下"A-B底"这回事，图示到底要表达什么意思也语焉不详，估计读者都是一头雾水。还好给出了一个注释，让读者隐隐约约猜测出这个"A-B底"的真实含义。普莱切特的说法是这样的！

"A-B底"作为对a-b-c不规则调整浪的描述看起来还行。艾略特首先提到图例以说明哪才是他的意思。然而，在讨论随后出现的1942年至1946年的牛市时，他把"A-B底"的概念作为一种可以出现在调整浪终点，以及基本浪或称驱动浪起点之间的额外的波浪现象。这种看法的添加没有必要，因为根据我们的经验，这种样子的结构仅仅是前一个调整浪，或者是下一个驱动浪中的一部分。"A-B底"的明显出现总有另一种解释，一个更加符合波浪理论的解释。(此段出自《艾略特名著集》)

这段论述相对来说，能够解释清楚"A-B底"的真实含义。笔者也基本同意普莱切特对"A-B底"的论断，其实它是左侧调整浪，或者右侧驱动浪的一个组成部分，因为称为"底"，所以其出现的位置应当在下行之后或者上升之前，但并非绝对处于极限低点。用波浪理论的系统划分，总是可以帮"A-B底"找到自己合适的位置，而并非说这个"A-B底"形成的段落无法见容于基本的波浪结构，或者是属于一个推动浪开启之前的冗余，如果把这个段落拿掉，也不影响整个的波浪构架，就如同这个波浪段落是"多出来的啰嗦"。估计是艾略特当年并没有彻底厘清自己关于波浪结构的想法，以至于，当一个如"A-B底"这样的三浪上又三浪下的结构出现在一个驱动浪的起点附近的时候，一时找不到合适办法来安排和命名。要知道，在20世纪上半叶，电脑并不普及，做价格记录并形成走势图几乎完全依靠手工进行，人们进行走势分析的难度可想而知。频频出现在重要底部位置上的这种非驱动结构的走势，给艾略特本人造成的困扰之大，完全不亚于后人理解其思维时的情况。幸好普莱切特三言两语就给出了答案。

下面，笔者依据自己的理解来详细地诠释“A–B 底”到底是什么。建议初学者略过所谓的“错误的概念和形态”这个章节，特别是“A–B 底”这里的相关讨论，以免造成更多的思维混乱。当然，这仅仅只能算是一家之言。

普莱切特说的意思应该是，把“A–B 底”视为一个不规则平台形调整浪是说得过去的。首先，不规则平台形调整浪是什么结构呢？显然是 3–3–5。那么，“A–B 底”之所以被称为“A–B 底”，原因是它只有一个上升三浪一个下降三浪，它没有浪 c 这个段落，感觉有点儿像 W 底的中间部分。其实也正常，如果有浪 c 这个段落，直接看作不规则平台形调整浪就可以了，干吗还搞出个“A–B 底”的花样呢？大家注意，这个 3–3 结构非常难安排，它不是一个三浪结构，所以不会是调整浪；它是两个浪，也不会是驱动浪。由此我们发现，普莱切特在 1980 年就解决了“A–B 底”这个问题。“A–B 底”并不是一段需要排除在完整波浪结构之外的冗余，而只是完整波浪结构中的一个组成部分。

但我们并不能就此断定，对“A–B 底”的研究不具任何意义。尽管跟“半个月亮”一样，剔除“A–B 底”这一概念完全不影响波浪理论体系框架的完整性，但笔者的看法是，“A–B 底”的出现代表了市场重要底部构造的形成，是一个标志。但更多地，也许应该把“A–B 底”视为一种形态分析的信号。只是，它的形态定义建立在了波浪结构划分的基础上，没有学习过波浪理论知识的人很难建立起这一认识。如果这个障碍不存在，那么当“A–B 底”出现的时候，波浪理论的研习者应该对当前走势予以高度重视。

图 1–88 为上证指数日线在 325.89~2245.43 点上升过程中，于 1995 年内构筑的“A–B 底”，正如普莱切特所说，我们完全可以用更为合理的浪形结构来对其进行解释，但仅从基于波浪理论出发的形态，可以对“A–B 底”进行定义。本例走势中，“A–B 底”出现在极限低点右侧。

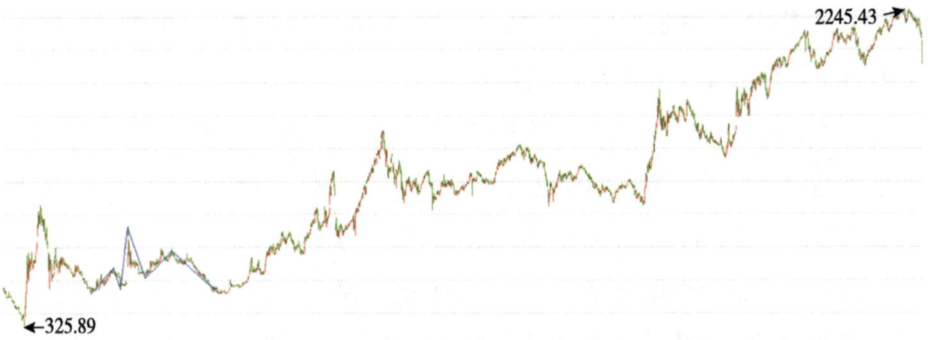

图 1-88　上证指数日线 1995 年“A-B 底”形态结构

图 1-89 为上证指数周线图，998.23~6124.04 点上升阶段前形成了“A-B 底”结构。其在极限低点前出现，由下行段落中反弹浪 b 的浪 a 和浪 b 组成。“A-B 底”需要特定的外形，并非所有浪 a 与浪 b 的组合都能够被称为“A-B 底”，同时前面案例中，浪形也并非浪 a 加浪 b 的模式，现在这个案例是其内部细分结构，跟图示的浪 a 加浪 b 简单逻辑也不同。

图 1-89　上证指数周线 2003—2004 年“A-B 底”形态结构

图 1-90 为上证指数日线在 1849.65~5178.19 点上升过程前，2012—2013 年出现的“A-B 底”形态。此“A-B 底”形态也确实可以划分为浪 a 与浪 b。

图 1-91 为苏州固锝（002079.sz）日线在 2012—2015 年上升过程中形成的一个“A-B 底”形态，此形态较为标准。

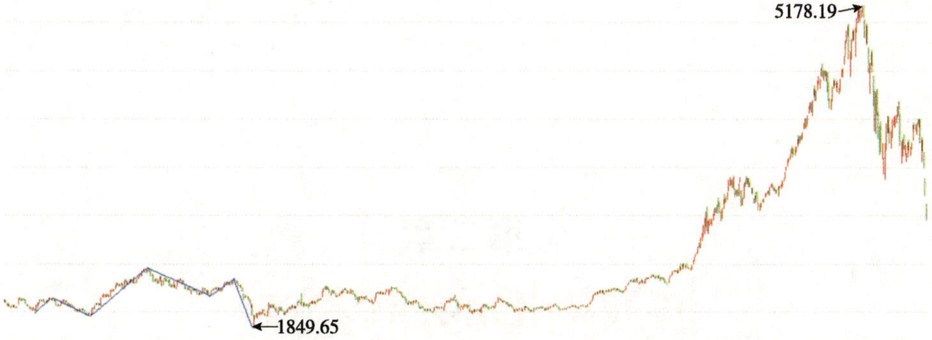

图 1-90　上证指数日线 2012—2013 年“A-B 底”形态结构

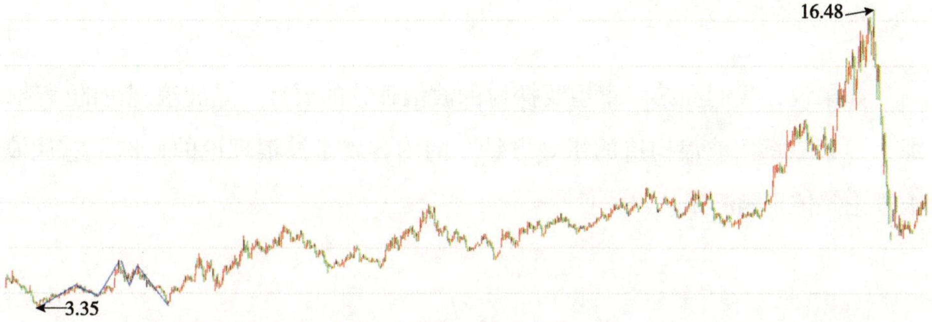

图 1-91　苏州固锝（002079.sz）日线 2012—2015 年“A-B 底”形态结构

第二章
波浪构造的指导方针

如果说，我们在第一章主要探讨的波浪理论的要件，是波浪理论的骨架，那么，第二章“波浪构造的指导方针”的内容就是波浪理论的血肉，它让波浪理论整体丰满起来。

第一节　市场操作中重要的辅助规则

交　替

交替指导方针在实操中的运用极广，根据这一指南，我们一定要预计在下一个相同位置的波浪结构几乎必然呈现变化。汉密尔顿·博尔顿曾说过，艾略特不能确定在较大级别的波浪中交替必然出现，但交替出现如此频繁，以至于无法忽视交替的重要作用。

交替规则并非要精准确定即将出现的波浪结构，而是提示研究人员不要期待小概率事件的发生，这给予分析波浪结构并预估下一步的发展状况提供了重要的帮助。当市场中的群众“习惯成自然”时，变化总是悄然来临。艾略特指出交替规则就是一种市场法则。

交替作为首要指南，其“应用十分广泛”。艾略特指出的这一点极其重要，笔者认为交替不仅是一个指南，更需要上升到市场法则的高度。即把交替规则，从波浪理论的一个不算特别重要的、可以称为“主要配角”的地位，上升到一个必须予以极度重视的地位。在波浪理论里面，我们说过，定律是最重要的，不可更改。因此首先讨论的必定是基础规则。但是，指南作为组成要素却没有一个明确的点来进行把握，所以先贤们将其归结到指南这一类别中。从某种意义上说，把定律理解成波浪理论的骨架，是因为如果没有三大波浪铁律存在，波浪理论将不能成立。那么，指南又是什么？是血肉，拥有这些血肉才能让波浪理论充实与丰满。在普莱切特心目中，交替其实还是受到了相对重视，在指南中首推交替规则。但这是不够的，因为交替（我们把它称为交替规则）实际上已经超越了波浪理论或技术分析，或者如艾略特说的“市场法则”的狭隘层面。如果确如艾略特所说，波浪理论是一种“自然法则”，那么交替规则就是最能展现出“自然法则”及我们中国人所说“天道”内涵的东西。

交替规则“总是提醒分析人员，在下一个相似的波浪中，会出现不同的模式”。“尽管交替并不说明将要发生什么，但是它预告了那些不要期望的事。”这意思其实就是说，像很早以前央视综艺节目《开心辞典》一样，交替规则会帮你去掉一个错误答案。交替规则告诉我们，现在这个时刻，一定不会出现刚刚发生的那种情况。有一个说法，一直存在着争议，就是据说鱼的记忆只有七秒。我不知道鱼到底是怎样的，但我知道，市场参与者基本上都只能记得刚刚过去的一轮走势发生了什么。然后按这个思路套用现在的走势，只是结果却从来都是大相径庭。

1. 推动浪中的交替

倾斜三角形驱动浪被认为不会有交替出现，但实际上，交替如果是一种通行的法则，倾斜三角形驱动浪怎么可能例外呢？事实上只是因为，如果这种交替小到不具备操作价值，可以忽略不计。

延长浪是一个典型的交替规则表达方式，推动浪交替了它们的长度。另外延长浪会改变自己出现的位置，上次是浪3延长，这次改成浪1或者浪5，这也是一种交替。笔者的看法是，同级别的推动浪其实还有一波上升和多波上升的交替。

图1-92为上证指数2008—2009年日线图，自1664.93点开始的大级别反弹上升五浪结构中，浪1与浪3存在多波上升与一波上升的交替现象。

图1-92　上证指数日线2008—2009年走势的交替表现

推动浪中的调整浪，是交替规则大显身手的地方。如果浪2是一个陡直的下跌，那么浪4通常给出一个三角形的横盘。如果浪2-b创出高于浪1结束位置的新高，那么浪4就不会超出浪3的高点。笔者总结出推动浪中两个调整浪的交替原则，一般可称为"2简单4复杂"。

图1-93为上证指数日线2001年初的一段五浪下行走势，较好地诠释了推动浪中调整浪的交替行为。图中不仅浪2与浪4实现了交替，而且浪3-2与浪3-4也实现了交替。在此基础上，我们以无界定延长角度来看此段推动浪时，每个相邻的调整浪均实现了交替。

图1-94为上证指数2009年下半年的日线图，自3478.01点后走出经典的"2简单4复杂"的下行五浪结构。其中浪2小到几乎被掩盖掉，而浪4则

大到夺目。

图 1-93　上证指数日线 2001 年初五浪下行走势中调整浪的交替表现

图 1-94　上证指数日线 2009 年下半年走势中的“2 简单 4 复杂”

2. 调整浪中的交替

交替在调整浪中的表现是毋庸置疑的，因为调整浪的特点就是复杂。推动的意义在于一方的压倒性优势，调整的意义在于双方“充分地交换意见”。而规律的表现或者说协调一致，显然应该是推动的结果，所以交替会广泛地出现在调整浪中。

在调整浪中，具有交替表现的是浪a与浪b，浪c一般是不跟着掺和的，因为浪c是一个驱动浪。如果浪a是一个平台形调整浪，那么浪b非常有可能是一个锯齿形调整浪，反之也是成立的。调整浪的花样那么多，足以支持交替在调整浪中一如既往地表现。

调整浪的深度

关于调整浪极限跌幅应该到哪儿，普莱切特给出了相对明确的提示。

> 调整浪会在之前小一级别的浪4价格区域形成最大回撤，特别是其本身也是浪4的情况下。通常结束位置会在之前这个小一级浪4终点的价格水平。

图1-95为上证指数1990—1994年周线图，显示了一个完整的八浪循环结构，其调整浪结束位置325.89点，在上升推动五浪中浪4最低点386.85点附近。体现了指导原则的含义：指出了一个大方向，具体细节上会有出入，无论是幅度还是时间，都不会“绝对精确”。

图1-95　上证指数周线1990—1994年走势中调整浪结束位置

图1-96为上证指数1994—2006年周线图，显示了一个完整的八浪循环结构，其调整浪结束位置998.23点，在上升推动五浪中浪4最低点1025.13

点附近。图 1–95 与图 1–96 均较好地诠释了调整浪如何在前面小一级的浪 4 终点位置结束。

图 1–96 上证指数周线 1994—2006 年走势中调整浪结束位置

这一指导原则的普适性，在普莱切特这里得到了进一步的拓展。

普莱切特用多年研究成果证明了空头市场的调整极限目标为之前小一级别浪 4 区域，特别是这个空头市场本身也属于浪 4 的条件下。不过，他进一步提出，如果浪 1 出现了延长表现，则浪 5 之后的调整浪，其调整的极限目标通常会是小一级别浪 2 中最大回撤水平。

某些情况下，平台形调整浪或三角形调整浪，可能仅仅略微跌入之前小一级别浪 4 区域，特别是那些延长浪后面出现的情形。而锯齿形调整浪有机会深跌到之前小一级别浪 2 区域，特别是这个锯齿形调整浪本身也是浪 2 的情形。

普莱切特对此的论述太重要了，迷茫的波浪理论研究者急需这种灯塔般的指导方针照亮自己前进的方向。前面的基础性论断出自艾略特，而普莱切特的重要补充具有非常重要的实操意义。同时，后者又含蓄地指出了分类执行标准：如果是浪 4，在前面的更小一级浪 4 底找结束位置，那么就应该是浪 3–4 区间；如果是浪 2，就应该在前面更小一级浪 2 底找结束位置，那么就是浪 1–2

区间。如果是锯齿形调整浪，就要考虑将深幅调整到浪2作为首选方案；如果是平台形或者三角形这种"以时间换空间"的调整模式，就要考虑，不仅是调整会只到浪4，而且可能不是到浪4底，而是"浅尝辄止"。

图1-97为上证指数2005—2008年的周线图，调整结束位置在浪3-2区间内，原因应该是浪3延长。仔细思考，假如按无界定延长考虑，或者是在最初不知道后面会涨成个什么样子的情况下，浪3-2的位置就相当于浪4的位置。

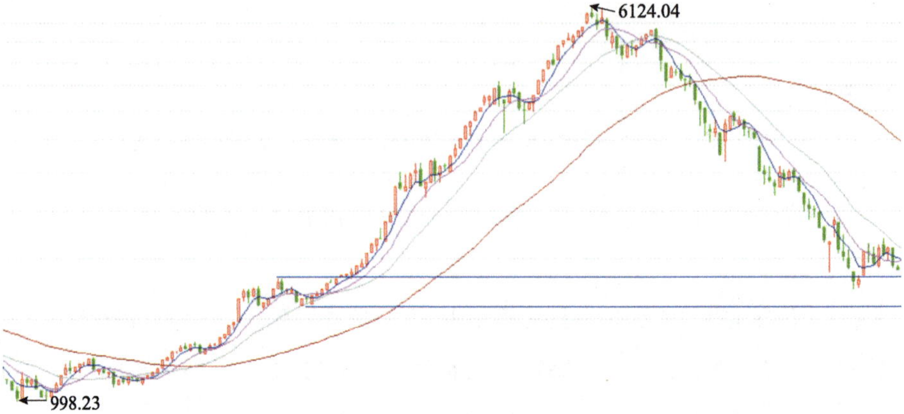

图1-97 上证指数周线2005—2008年走势中调整浪结束位置

图1-98为上证指数2008—2013年周线图，尽管1664.93点后为反弹上升，但由于1664.93~3478.01点反弹段落为五浪结构，所以之后回落仍遵循指南，在浪2区域内结束。

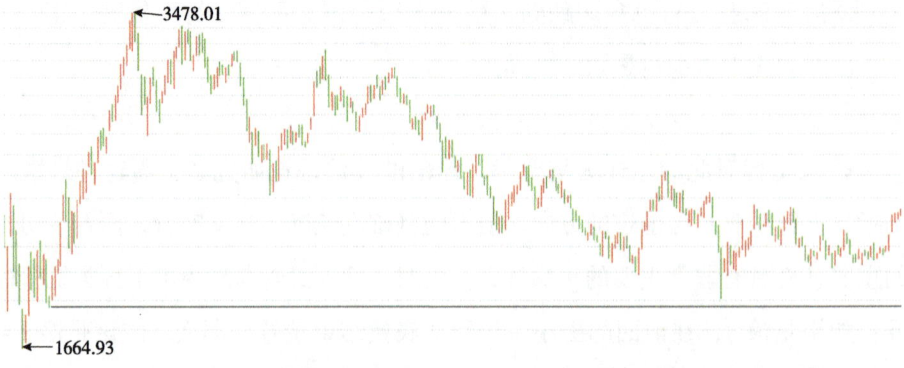

图1-98 上证指数周线2008—2013年走势中调整浪结束位置

浪 5 延长后的市场行为

在一个上升波浪结构中，如果浪 5 为延长浪，则接下来的调整会较为剧烈。这个调整一般会在浪 5 这个延长浪的浪 2 位置，即浪 5-2 的最低点附近得到支撑，调整结构在这时通常完成了浪 a，有时也会就此结束。

因为浪 5 如果出现延长，那么浪 5-2 的最低点经常处于或者接近之前浪 4 价格区域，所以这一指导方针所要表达的意思，其实与前面所说的“调整浪的深度”得出的结论基本类似，只是侧重角度不同。不过，这里的看法较为精准。本指导方针的又一应用在于浪 5 延长后经常出现的快速调整。总之，浪 5 出现的延长，是对市场即将转势并且将会调整至特定价格水平的预报。这个预报是运用波浪理论综合得出的结论。在股票市场中，如果走势的完成发生在多个浪级，也就是说，转折点不仅仅完成一个浪级的浪 5，则本指导方针的结论相对不可靠，但这时，我们在预计走势时，也要对本指导方针提出的价格目标予以足够的重视。

延长浪 5 中的浪 2，即浪 5–2，作为一个关键位置，可以成为首选，要么直接结束调整，要么作为中继反弹的起点。大多数时候，其实浪 5–2 与浪 4 的价格水平差不多，所以也符合“调整浪的深度”这一指南，而且指向性更为明确。

浪 5 延长导致了之后市场行为研判的争议。我们已经看到了普莱切特对艾略特归纳总结的走势形态分析“三件套”的逐一批驳，笔者也给出了自己的意见。这里的指导方针中，普莱切特为什么要单列一条出来，说明浪 5 之后的走势，在大体上仍有章可循。笔者认为，这部分的内容，可以作为“调整浪的深度”相关内容的延伸。

图 1–99 为上证指数 1994—2005 年周线图，我们可以看到，这张图是第

一章中讨论不规则顶走势之后的延续。本图重点关注调整结束位置基本相当于浪2水平，同时也是更大浪级的浪4水平。

图 1-99　上证指数周线 1994—2005 年走势中调整浪结束位置

图1-100为上证指数2008—2009年日线图，浪5-3-2的价格区间，为后来的下跌浪a提供了支撑。

图 1-100　上证指数日线 2008—2009 年走势中阶段性反弹起点位置

波浪等长

在一个五浪结构中，浪1、浪3和浪5，这三个驱动浪中的两个，价格运动的幅度和时间趋向等长。或者说，在浪1、浪3和浪5中，如果其中一个驱动浪延长，则另外两个驱动浪通常会等长。一般情况下，浪3会是延长的那个驱动浪。浪1和浪5，如果不是等长关系，那就非常有可能是1：0.618的比例关系。

一般来说，一个五浪结构的外观，就是中间大两头小，即浪1和浪5小，而浪3明显大好多。而且浪1和浪5通常个头差不多，基本相当，如果有差别，那就形成黄金比例。

波浪等长通常非常精准，在中浪级及更小浪级中，价格的等长显示为算术关系，因为百分比幅度也基本相等。

我们可以从这段话里面推出一个结论，就是在波浪理论中，比率优先于单纯计算点数或者价格，点数或价格的计算只是比率分析的一个简便方法。这一点是非常值得我们重视的。市场中关于等长的观察，通常都集中在点数上，而容易忽视对比例或等长的关注。

图1-101为上证指数2007年上半年日线图，2541.52~4335.96点的五浪上升结构中，浪1总长为508.25点，浪5总长为490.73点，为算术等长。同时我们看到，浪1与浪5均上涨10个交易日，不仅在幅度上等长，在时间上也呈现等长。

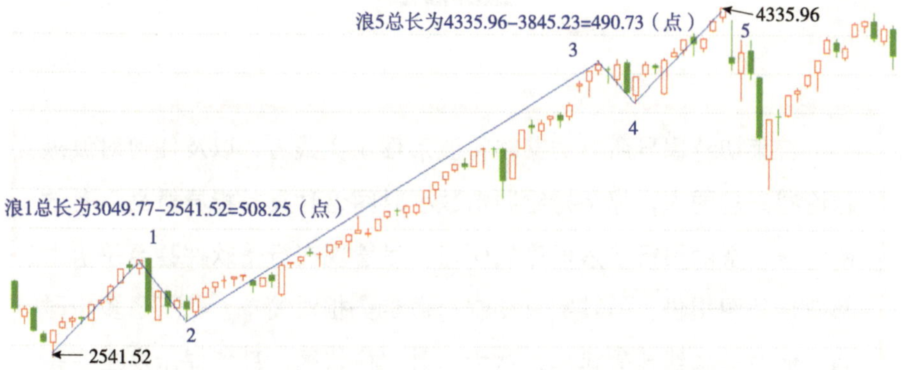

图1-101　上证指数日线2007年上半年上升段落中等长表现

图1-102为上证指数2007—2008年日线图，自6124.04点开始的下跌过程中，第一阶段下行自6124.04点至4778.83点（即图中两个红色箭头之间的下跌段落），下跌1345.21点，第二阶段下行自5522.78点至4195.75点（即图中两个绿色箭头之间的下跌段落），下跌1327.03点，也是标准的算术等长。

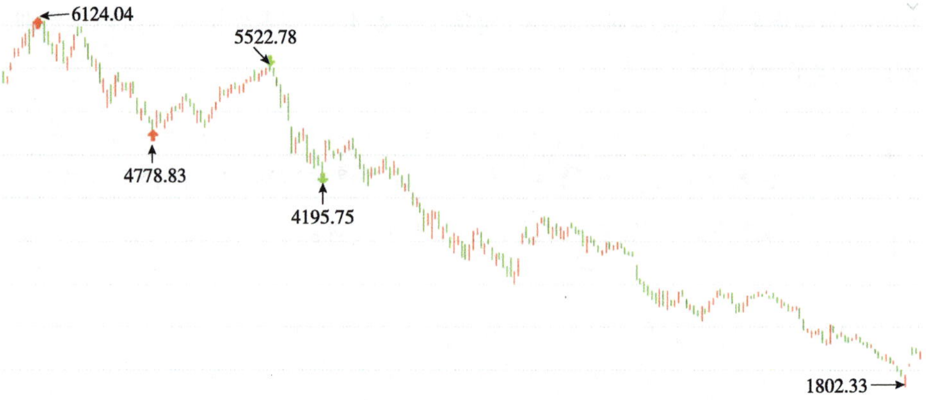

图1-102　上证指数日线2007—2008年下行段落中等长表现

第二节　辅助波浪判定的几个关键问题

绘制波浪

普莱切特倡导所有的艾略特波浪理论实践者，以及任何对波浪理论感兴趣的人，都坚持绘制指数小时图这种具备指导意义且有效的方法，帮助践行波浪理论的研习。尽管现在行情软件甚至手机上都有走势图提供，但其实只绘制指数走势相对简单，花不了多少时间。他对美国线比较排斥，认为这种“柱状图”只能揭示发生在每条柱线时间变化附近的价格波动，却不能揭示柱线时间内价格波动变化。他要求"实际印刷数值"应该全部绘制，并对开盘价、理论日内价格等名词进行了批判，认为这些都是"统计上的发明"，却无法反映任何特定时刻的指数。他说，这些数值代表的是一堆不同时间发生的开盘价，或单个指数的一堆每天最高或最低价，却不管这些价格极端出现在一天之内的哪个时段。

除了对数浪内容晕头转向之外，"绘制波浪"这一段给读者造成最多困惑，特别是在翻译"倒过一手"之后，的确有难度。笔者尝试着逐一给出解释。

在电脑信息技术飞速发展的今天，已经罕有人会购买图纸然后自己手工绘制走势图了，因为打开电脑乃至手机，都能显示详尽的走势图，但是，有志于深入理解波浪理论，或者扩大一下范围，有志于深入理解技术分析的研究人员，也许很有必要重温一下这项原始的工作。曾经有一个笑话，说一个成功的散户，炒股赚到了钱，离开了营业大厅，到大户室去看电脑屏幕，发现自己不会炒股票了，就又回到散户大厅，看那种 LED 走马灯大屏幕，他才能找到感觉。原因何在呢？因为他已经习惯了闪烁的数字给他带来的市场节奏变化的信号，就像利弗莫尔习惯了听电报纸打孔的节律。自己认认真真地画走势图，意义并非复古，而是这种方式容易给自己带来灵感。普莱切特含蓄地提示读者，每一位精研波浪理论的大师都习惯于自己手绘走势图，而且是在期刊报纸已经提供走势图的情况下。

但对于美国市场流行的柱线图，又叫棒状图的美国线，普莱切特摆明了很不感冒。因为美国线的柱体仅仅体现了本时间段内价格波动的范围以及收盘位置。而手绘小时波动图，从"实际印刷数值必须全部绘制"这句话来看，普莱切特显然指的是一个类似"tick"的日内价格波动图，因为只有这样才能直观地看出价格极端出现在什么时候。但实际上，极其精确地展示价格走势细节是不可能的。这个手绘小时波动图，也仅仅是比日线图相对细致而已。"印刷"这个词，可能有两重含义：一是因为价格变化的记录通常都是通过媒体来得到；二是说日内波动中，凡是被"扫"到的价格都应该被详细记录。"理论日内价格"即日内均价。从以上内容可以看出，波浪理论对价格走势的细节具有一定程度的依赖，主要原因是出于对时间因素的考虑，而这是运用波浪理论提出预测的高阶内容。如果仅仅研究形态与幅度变化，可以选择忽略时间，进而对日内极限价格出现的位置不作要求。

> 划分波浪的主要目的是确定价格在市场运动过程中所处的位置。在快速运动、人气高涨的市场环境下，特别是推动浪过程中，练习划分波浪并不复杂，但这时小级别的价格波动展开不够，就应该绘制短期走势图来观察所有的细分浪。但是在低迷市道，或者波动幅度微小的市场里，特别是在调整市道，波浪结构很可能复杂又缓慢，这时使用长期走势图就会有效地让市场浓缩为那种让行进中的波浪模式清晰可辨的形态。

很多事情都是在不经意间揭示出来的，如果把这段文字理解为解释绘制波浪的方法，只能说是一种非常大的浪费。对于一个想要通过运用波浪理论在市场中稳定获利的人来说，看到了这段文字，学习课程已经完成，可以毕业了。正所谓大道至简。

> 出于对波浪理论的准确理解，某些情况下可以预计出横盘的区间，例如浪 2 走锯齿形调整浪后的浪 4 区间。但就算能预估到这种情况，复杂的走势和沉闷的氛围也会给市场参与者以心理打击。然而市场就是这样，一半是海水一半是火焰。当出现这种状况的时候，普莱切特的中肯建议就是，从这样的市场中脱身出来，等到推动浪快速运动时再投身加入。但我们不能"期望"市场进入运动，市场从不盲从于任何人。所以当市场休息的时候，自己最好也跟着休息。

笔者的建议是不要随意这样预计走势，因为交替规则的作用仅仅是去掉了一个错误答案，而并非给出了一个唯一正确的答案，所以普莱切特才说

"有时"。复杂性和缺乏生气往往是市场的常态，所谓"飘风不终朝，骤雨不终日"，亢奋需要能量支撑，而能量需要通过积聚来实现。

追随市场的正确方法是使用对数图表，原因在于市场的历史走势之间均以百分比相关联。投资者关心的事情唯有盈亏百分比，不关心指数高低。长期走势必须使用对数图表绘制，因为算术图表与其差距太大。算术图表适合应用在小时图中，那么短期运动中的通道就可以显示在算术图表上。

普莱切特不止一次地谈到算术图表与对数图表的问题，重复是学习之母，所谓"重要的事情说三遍"。对数图表是绝对的，算术图表是相对的；对数图表是究竟法，而算术图表是方便法。算术图表只应用于短期走势，这就是规则。但因为其基础和前提是建立在图表显示出的波浪分析之上，所以其核心关键点在于，主要应用在推动结构中的还是通道技术。

通　道

艾略特指出，平行的趋势通道可以精确地标出推动浪的上下边界。

这句话很容易让人产生误解，以为趋势通道的上下两条线是水平的，当然，看图例可以消除这种误解，现在的软件通常都会提供平行线功能。笔者想提示的是，通道的意义在于提醒研究人员注意趋势的保持和改变。如果一段走势，已经可以明显地看出五浪结构，但价格仍然在通道内部受到约束，最好不要急着判定拐点的到来，尤其是没有得到成交水平变化的提示时。通道是趋势的表达，而趋势的保持，就是节奏的保持，在通道内部的含义就是具有同样的节奏，未发生改变。

笔者初学技术分析的时候，对通道的理解是非常僵化的，对通道线价格基准点的要求是非常严格的，经过这么多年的市场洗礼，才发现没有必要。有句话叫作“市场不知道你的成本在哪里”。同样地，市场也不知道你画了这条线，所以市场无意冒犯你画出的这个边界。所谓的“毛刺”，在通道运行过程中屡见不鲜，而重要的是趋势改变与否。

图 1-103 为上证指数 2018 年日线图，3587.03~2440.91 点走出标准的通道下行。此图所做两条平行线并不标准，笔者在此主要是帮助大家找一找通道的感觉。这种画法是普通技术分析手段中常见的通道表示，试图通过两条平行线约束一个价格形态出来。这是典型的事后补画，实际上在波浪理论中的通道技术，并非一个形态的概念，而是依托波浪划分而构建的一种通道。

图 1-103　上证指数日线 2018 年下降通道

一个推动浪的初始通道至少需要通过三个点来确定，浪 3 结束时，首先连接图 1-104 中点 1 和点 3 这两个点，然后通过点 2 做出其平行线，构造出的通道提供了浪 4 回撤的预计边界（在多数情况下，由于浪 3 的爆炸式上升，幅度走出过远，以至于其起点会被排除在最终通道的接触点以外）。

图 1-104 中有几个关键点需要明确。

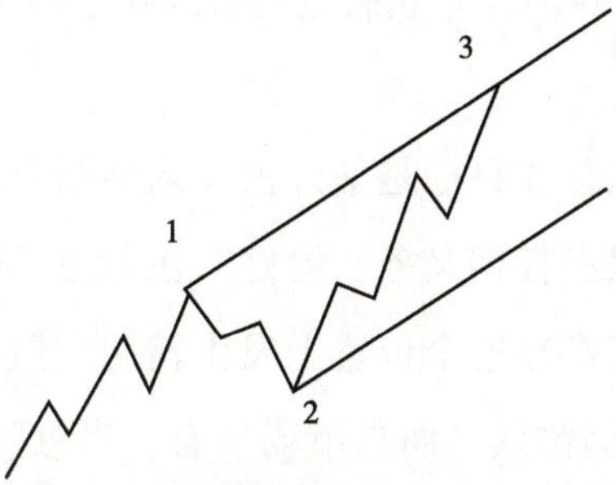

图 1-104　临时通道画法的简化表达

（1）首先要注意这是一个临时通道，并非最终结果，不要指望通过这三个点画出的通道一劳永逸。

（2）这必须是建立在推动浪结构基础上的通道，并非任意价格拐点均可作为画线基准点。

（3）常规情况下的通道技术应用于对数图表，只有在小级别的情况下，我们才考虑在算术图表中使用。

图 1-105 为上证指数 1993 年日线图，774.54~1044.85 点的反弹上升，为平台形调整浪的浪 c，展示了一个标准的小级别上升通道模式，图为算术刻度。

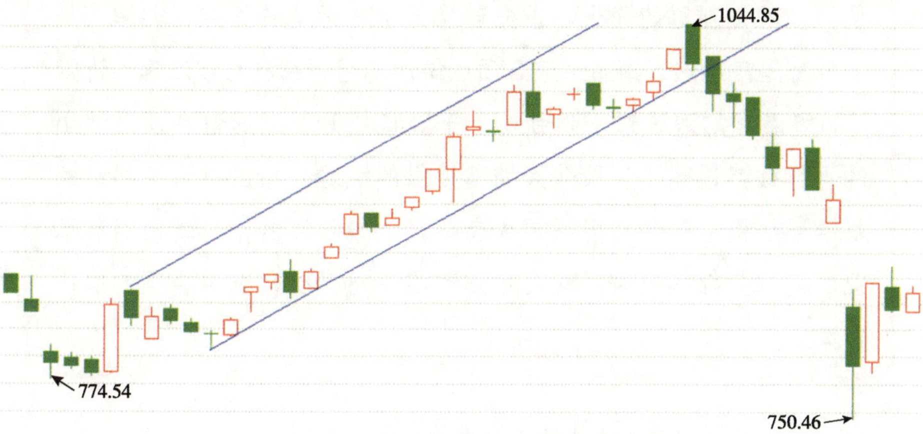

图 1-105　上证指数日线 1993 年上升通道

（4）首个临时通道建立的时间点是在浪3结束时，这并不是说，建立通道的时间晚，而是提示我们，建立通道的目的在于给予一个平仓时机的提示，并非建仓的提示。

（5）通道建立后的首要目标是估计浪4调整结束的位置，研究人员需要注意的是，价格运动没有任何义务“恰好”在通道下边界完成浪4调整。尽管很多时候，价格确实都在这个位置上发生转向，但如果价格的运动很“调皮”，也并不是价格预测错误，而是市场另有“深意”，后面我们会解释市场的良苦用心。同时，我们在错误的场合使用通道技术，也是通道无法发挥效力的主要原因，比如在非推动浪位置建立通道等。

另外，我们可以把1、2、3这三个点简单地理解为浪1终点、浪2终点和浪3终点。在《市场行为的关键》一书中，之所以没有这样称呼，其实是因为当市场走了两波上升，其中夹了一波下跌的时候，即图1–104示意的走势，贸然定义浪形是非常不稳健的做法。例如，我们开始以为的浪3，其实可能只是浪3–1。括号里面的内容，也是非常不容易理解的，但如果我们知道浪3的运行可能走出多个段落，这件事情就是很明显的了，在下文对最终通道的定义进行解释后，我们再向大家展示案例。

如果浪4回撤结果没有触及平行通道线，那么，要估计浪5的边界，就必须重建通道。首先连接浪2与浪4的终点，如浪1与浪3都是常规浪，则通过浪3顶点做出的平行线就可以准确预计浪5的终点。如浪3过于强劲，近于竖直拉升，则通过其顶点做出的平行线就过高了。按普莱切特提供的经验，与通过浪1终点的基准连线相平行的边界线更为有效。如果可以的话，就把两种情况的通道全都画出来，配合数浪和成交量分析，选择合理的操作方案。

图1–106为最终通道画法的简化表达。

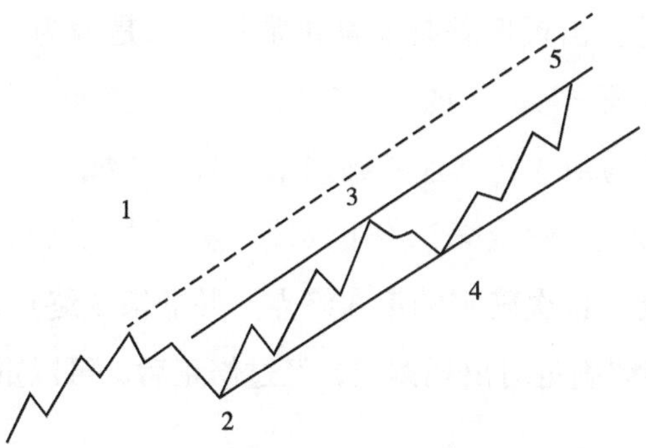

图 1-106　最终通道画法的简化表达

在建立了浪 1、浪 2 和浪 3 三个转折点的通道后，会有两种情况发生：一种是浪 4 的回调到达通道下边界，当然这种情况包含了到达但并未停止的情形。另一种就是浪 4 没有能回调到通道下边界就回升了。这种情况下需要重新构造通道，以浪 2 和浪 4 低点为基准画线，然后过浪 3 高点绘制平行线，如果出现了浪 3 极其强势的走法，就不选浪 3 高点，而是退而求其次，选择比较温和的浪 1 高点绘制平行线。如果觉得不够有把握，那么就过浪 1 和浪 3 高点分别绘制平行线，看哪个方案更合理。前面说的“如果浪 3 走得太远”，跟这里表述的意思是有所区别的，这里的意思是说浪 3 角度过陡，而前面所说的意思是浪 3 的幅度过大，比如浪 3 经常会出现的延长表现。对于这个问题，笔者持保留态度，因为从某些案例看，究竟采取哪几个点作为基准，可能关乎对数图表和算术图表的区别，这个问题有待更深层次的发掘。

图 1-107 为上证指数 2007—2008 年周线图，6124.04~1664.93 点走出标准的下降通道，要注意的是，这种极其标准的通道线，是事后修正和规范的结果。而事实上，在当初下降过程中，未必能够预知整个走势完成后的画线结果，我们只是用这个方法来证明通道对价格的强力约束。真实的通道线应该是如图 1-108 所示般不断地尝试建立临时通道，最终形成如图 1-107 所示的结果。那么初始建立的通道为什么会发生偏离呢？原因在于，一是我们所预计的趋势段落是不是推动浪，这很关键，因为《市场行为的关键》一书中说了，通道能够准确地描述推动浪的上下边界，如果这里的价格走势出现的不是推动浪，

那么按通道去预计，出现偏差是非常正常的。二是因为波浪理论中的通道，上下边界线确定点是非常固定的，并非任意选择两个点即可确定一条边界线，必须是由浪1终点与浪3终点连线确定第一条边界线，然后从浪2终点做第一条边界线的平行线，确定第二条边界线，从而构成通道。图1–108中通道需要修正的原因是，首次确定的浪3终点，并非浪3终点，仅仅是浪3–1终点，因此通道边界线确定时出现偏差，经过修正后，可以重新确定通道。

图1–107　上证指数周线2007—2008年下降通道

图1–108　图1–107中走势的临时通道画法与最终通道画法的对比

还有一个非常有趣的现象是，假如我们确定的通道，其边界只是随意确定的两个阶段性极限价格，那么一旦我们将坐标从算术改为对数，或从对数改为算术时，通道会立即变得混乱，而如果我们通过波浪理论确定浪1、浪3的终点与浪2的终点并连线，我们会发现，坐标的改变并不影响通道的完美建立（见图1–109）。

图1–109　图1–107中通道在对数图表中的效果

图1–110为图1–109中上证指数周线对应位置最终通道建立的情况，我们发现，与图1–109中的通道区别不大。但请注意，事情并不总是如此。

图1–110　图1–109对应位置最终通道画法

图 1-111 为上证指数 2008—2009 年日线走势，图中清晰标明了临时通道与最终通道的常规关系。关于两个通道对价格走势产生的约束，可以进行进一步的研究。另外，本图与 DJIA 20 世纪 30 年代的月线图走势类似，区别在于《市场行为的关键》一书中图 2-12 为算术刻度，而本图为对数刻度。

图 1-111 上证指数日线 2008—2009 年上升趋势中临时通道与最终通道对比

图 1-112 为上证指数周线 2005—2007 年走势，我们按对数图表做出临时通道和最终通道，尽管最终通道跟常规的通道外形显得不同，但它仍忠实地标注出了浪 5 应该结束的位置。尽管艾略特说当浪 3 偏离程度很大的时候，其起点可以排除在接触点之外，但本图按最初的点构建的通道依然有效。

图 1-112 上证指数周线 2005—2007 年上升趋势中
对数图表临时通道与最终通道对比

翻 越

在通道线或者倾斜三角形的汇聚线内部，如果浪 5 在成交量逐步萎缩过程中向其上边趋势线运动，则预示波浪结束位置会是正好到达趋势线或者无法到达。如果浪 5 向上趋势线运动时成交量巨大，则预示穿过上趋势线的可能性很大，即艾略特所说的“翻越”。在翻越点附近，小一浪级的浪 4 会紧贴在通道线下边界横走，然后浪 5 中暴增的成交量导致通道突破。

这里的讨论增加了倾斜三角形的情形，所以“翻越”要单列一下，否则这里讨论的内容就可以合并进通道一节。

常规的浪 5 中，成交量会出现萎缩，因此价格运动基本上会严格处于趋势线约束的区间。但当成交量水平进一步加大时，翻越将会出现。也就是说，浪 5 被赋予了足够的能量冲出樊篱。但是，“成交量巨大”是一个形容类表述，大到什么程度需要一个参照，而这个参照就是浪 3 的成交量水平，这里我们需要看到一个明显超出浪 3 的成交量放大表现。

小一浪级的浪 4，意指浪 5–4，如果不明白，就看一下 20 世纪 20 年代的 DJIA 月线图。我们需要注意的问题是，在“翻越”这一节开始的时候，你必须把自己的思路切换到临时通道这里来，否则，这个翻越很容易让人混乱。我们说这个翻越的现象，发生在当建立了临时通道之后的格局之下，这样我们就容易理解了。在上证综指的走势中，我们找到了一个较为相似的案例。

图 1–113 为上证指数周线在 1994—2001 年走势，注意浪 5–4 位置附近出现了横走的箱体，这一表现与 DJIA 20 世纪 20 年代的月线图近似，区别只是《市场行为的关键》一书中图 2–11 为对数刻度，本图为算术刻度。同时本图也明确显示了当浪 5–2 出现“翻下”后，浪 5 结束位置出现了翻越。

图 1-113　上证指数周线 1994—2001 年走势中翻越表现

浪 4 或浪 5-2 中出现的"翻下"通常可以预警翻越即将出现。立即返回通道线下方的反转可以印证翻越。下跌行情中会出现同样特征的翻越。艾略特警告说，较大浪级的翻越过程中，小级别波浪结构难以识别，原因是最后的浪 5 通常会向上穿越小浪级通道。

★刻度

有关刻度方面的问题，其实是延续了之前关于通道和翻越等方面内容的探讨，因为没有提出特别有建设性的意见，所以本书没有重点强调。普莱切特的意思主要就是：艾略特认为对数图表可以反映通胀因素是不合理的设想。因为从实证来看，20 世纪 20 年代的行情使用对数图表比较合理，但到了 30 年代，变成了使用算术图表更为合理。到底使用哪一种方式更为合理？这个问题变得扑朔迷离。从实证方面，普莱切特建议同时使用两种刻度，以防万一。还好在电脑技术得到广泛使用的今天，这已不算什么难题。笔者的看法是，交替规则作为一种超越其他的存在，可以广泛地应用于诸多领域。而通道技术的预测有效性也必然会体现交替规则的实用性，因此，算术刻度有效还是对数刻度有效，应该会体现出交替规则。普莱切特的发现，似乎已经证明了这一点，在上述两个时间段使用不同的刻度才会有效。

成交量

艾略特把成交量当作验证波浪计数和预测延长出现的有效工具。他总结了一些成交量变化的特征：在多头市场中，成交量倾向于随同价格变化速度缩放；在调整期后段，成交量萎缩显示卖压下降。成交低量水平常常与市场转折点同步。中浪级及更小级别波浪的常规浪5中，成交量一般会小于浪3。如果上升过程中，中浪级及更小级别波浪的浪5比照浪3，成交量水平持平或者放大，则浪5延长可能性较大。如果浪1与浪3等长，基本上可以预期浪5会延长。而且某些情况下，成交量的持续放大，可能预示着浪3和浪5同时延长。

笔者注意到这段话通篇都关乎牛市，或者我们换一个名词，“多头市场中的情况”。此时，显然有必要进行一个严格的限定，就是在推动浪过程中，必须关注成交量的表现。所以，“在调整期后段，成交量萎缩显示卖压下降”这句话，指的是在牛市上涨过程中会出现阶段性调整，而这个调整段落的后期成交量会发生萎缩，表示抛售压力的下降。成交量萎缩，可能有两方面原因，一是买方不积极，二是卖方不积极。在牛市中，即潜在地暗示买方被默认为一直保持积极，这是因为，卖方在调整中由积极变得不积极，导致成交量减少。当买方发现当前价格已经无法再购买到足够的股票时，决定提高收购价格，转折点便出现了，而随着价格的提高，可能会有更多的卖方出现，因此转折点附近的成交量水平常常是最低的。但是一定要注意，在大多数情况下，极限低点伴随着极限低水平成交量；而某些情况下，当一个极限低水平成交量出现的时候，市场还会再试探一下卖方是否真的全部消失，故往往再跌一天，这一天很可能是放量下跌或者收出长下影线，但却是最终转折的位置，这种情况需要引起足够的重视，而且市场最后的这个动作，在理论上不影响上述结论，即成交量最低水平与转折点同时发生。在这个问题的探讨即将结束的时候，笔者仍然觉得有必要提醒大家，上述结论一定要在牛市的背景下使用，如果在熊市当中误用，误判的结果出现的概率相当大，很多情况下我们会发现缩量走出一个貌似的低点后，下跌仍连绵不绝，这时不要怪波浪理论不好用，其实是自己的脑子不好用。

浪5结束了上升过程，这个结束的动因是上升动能衰退、买进动力不足的外在表现，也就是成交量水平。所以，当浪5的成交量明显不如之前的浪3时，我们知道它一定是浪5，而接下来，至少有个a–b–c的下跌在后面等着。其实，浪3之所以是浪3，最显著的表现就是它的成交量水平明显大过浪1，如果我们所预计的浪3，成交量水平不如浪1，那需要高度警觉，因为我们此时心目中的浪1和浪3，很有可能不是真的浪1和浪3，而是一个5–3–5结构中的浪a与浪c。所以，我们是通过从浪1到浪3成交量水平的显著增长来认定浪1与浪3的，那么自然地，到浪3与浪5时，如浪5中成交量水平迟迟无法放大，就成了一个最明显的警讯。当浪5中的成交量水平比浪3中进一步扩大时，我们应该可以判断这个上升过程正在持续，且不会有转折出现，因为成交量这个先行指标没有发出警示。但是，千万不要简单地认为这是浪5延长了，虽然浪5延长的可能性是存在的，但这并非唯一的可能，局面是复杂而多变的。我们只能确定，当前标定的浪5不是整个上升的最后一段，它可能属于浪5的一段，也可能属于浪3的又一段，这就是所谓浪5延长乃至浪3与浪5都延长的情况，甚至它也可以仍然就是浪5，接下来会有个创出新高的浪b来结束这个阶段的上升势头。

> 大浪级及更大级别的波浪中，成交量经常会在上涨的浪5中放大，这是因为牛市中参与上涨的股票数量增长（另一个说法是牛市参与者的数量增长），艾略特注意到，大浪级以上的牛市，终点的成交量往往是天量。通道线或者倾斜三角形边界线翻越点位置的成交量，经常会短暂骤放，有时这两种情况同时出现，原因是这时终结倾斜三角形浪5恰好也在包含了大一级别价格运动的通道上边界线位置结束。

“在大浪级和大浪级以上的波浪中，成交量往往会在上涨的浪 5 中放大”。这句话的信息量很大，笔者经常说，一部书之所以可以称为经书，是因为其中的一句话，如果能够展开深入的理解，对读者来说，就是开辟了一片新天地。浪级这个问题，在初学阶段可以不考虑，用笔者使用的浪 5、浪 5–1、浪 5–1–1、浪 5–1–1–1……一路标下去，基本上目力所及范围的浪形标注都可以搞定。但如果关系到整个走势，特别是长期趋势划分的时候，浪级的重要性就凸显出来了。其中最为重要的是中浪级及其以下和大浪级及其以上这个节点的划分。其实中浪级及其以下这个级别，涵盖了标准的常规波段走势，而大浪级及其以上则展现了长期趋势。如果我们代入这个观点，会发现，大浪级波浪必然首先划分为中浪细分结构，由五个中浪组成一个大浪级推动浪。那么更大的一级趋势，即五个大浪就组成了一个循环浪级的推动浪，然后我们再把它细分到中浪即可，不必细说。当然，我们必须继续强调的一点是上升过程中的推动浪，即本段我们只讨论牛市过程。这时，我们发现成交水平在浪 5 的时候是增加的，而且增加幅度比较可观。

有关成交量方面的指南，主要用于浪 3 与浪 5 之间的关系分析。从上证指数 30 年左右的历史看，浪 5 成交量增加的情况是非常罕见的，大多数重要顶部的成交水平，都呈现减少现象。按笔者理解，浪 5 成交量有没有增加，既然是将之与浪 3 作比较，那么浪 5 与浪 3 应该指大浪级内部子浪，当前这个浪 5 的浪级，应该定义为中浪。这个判断之所以难以得出，是因为在推动浪中的延长又延长，很容易造成浪级判断上的混乱。

一般来说，在一个大浪级的上升推动浪当中，细分子浪常规表现是浪 3 会发生延长，然后大概情况就是浪 1、浪 3–1、浪 3–3、浪 3–5、浪 5，这五个上升推动段落的级别应定义为中浪。这时，浪 3–5 的成交量水平应该小于浪 3–3 的成交量水平，从而预示了上升趋势有可能会发生逆转。但结果是，当浪 5 走出来以后，其成交量水平比浪 3 的三个上升段落中任何一段都大。其实，浪 5 的成交量水平只要比浪 3–5 大，就足以造成波浪研究人员的困惑了，因为要考虑这个现象是否会形成涨势的递延。但实际上，按艾略特所说，大浪级以上的牛市终点，常常会爆出一个天量。这个位置上的成交量比照之前的峰值，几乎成倍增长。这其实是市场气氛超级狂热的表现。按中国古代传统智慧结晶《易经·乾卦》的说法，属于典型的"亢龙有悔"，这个放量不代表涨势的持续，而是意味着，接下来市场参与者会受到"降龙十八掌"的攻击。

图 1–114 为上证指数 1992—1993 年日线图，尽管浪 5 出现了失败，但浪 5 处成交量水平明显超过了浪 3 处。我们看到，在浪 5 的内部子浪中，浪 5–3 位置的成交量水平是最大的，浪 5–5 成交量减少。这样，我们可以定义浪 5 为中浪，自 386.85 点开始的上升整个五浪结构为大浪级。

图 1–114　上证指数日线 1992—1993 年走势中成交量表现

《市场行为的关键》一书多次再版，译者也曾力图把最为准确的内容奉献给读者，但这里，按笔者推断，再版后之所以把用词改成了"牛市参与者"，是有些拿不准原著的意思，到底说的是交易股票的人，还是说的是被交易的股票，最后只好选择一个折中的方案，让读者按自己的理解来决定。笔者以为，凡第一感觉基本上都是对的，所以最初的译文，将"牛市参与者"定义为牛市中参与上涨的股票数量增多更为合理。当然，参与交易的人和被交易的股票，在某种程度上会出现同步的增长。但考虑到波浪理论研究的核心内容是价格的运动表现，市场广泛性这个问题，主要考量的是参与运动的股票数量，而不特别在意交易者数量有无绝对增长，所以这里选择了以初版译文为准。

艾略特对这个牛市终点成交量放大现象做了一个具体的描述，重点阐述了这个放大出现的位置。翻越的形成，伴随着巨量成交，告诉我们常规的供应全部被吸收，看似即将展开一轮暴风骤雨式的上涨，但问题是，波浪结构显示已经完成，上升趋势气数已尽是整个市场的共识，因此很多的交易者已经退出场外观望，而这时通过巨量翻越营造出的牛市重来的幻觉，迎合了很多人的侥幸心理，再玩最后一把的信心来自这个放量突破。要注意艾略特的用词，“短暂骤放”意味着昙花一现。

成交量在配合数浪方式和波浪预期方面的重要性非常高。艾略特说，成交量独立跟随在波浪理论的各种模式之后，但普莱切特认为成交量虽然重要，但没到那个程度。

成交量的收缩与增长，对走势预计产生深远影响。什么叫成交量独立跟随在波浪理论的各种模式之后？估计普莱切特没想明白，但他出于审慎的考虑，并没有武断地将这句话剔除，而是加注了自己的判断之后将其保留。这是一种非常科学的态度，这种态度跟某些国人对待中国传统文化的那种所谓“去其糟粕，取其精华”相比，更为理性。

根据笔者的理解，这句话实际上是论述了成交量分析在波浪理论中的地位。就波浪理论核心思想来说，剔除有关成交量方面的内容，不影响波浪理论的完整性，但是加入建立在波浪划分基础上的成交量分析后，可以使得波浪理论研究人员更为方便快捷地使用波浪理论对走势进行预计。其实，《市场行为的关键》一书第一章的内容，就已经完整介绍了波浪理论的内容结构，而第二章中的内容，去掉任何一个，如交替、通道、成交量等，均不会影响波浪理论体系的完整性。但是，这些内容使得波浪理论的内容更生动丰满了，波浪理论研究人员应对市场变化的手段更多了。而且这些手段，均建立在波浪划分的基础之上。所以我们才可以说，把“波浪体系的构建”视为骨架，把“指导方针”视为血肉。

与交替、通道等相比，成交量研究更有希望形成一套完整的理论。就走势而言，成交量分析也具备了脱离波浪结构而独立存在的可行性，实际上，传统的技术分析理论中，有很大篇幅在论述成交量变化对走势的影响。波浪理论框架，对“指导方针”内容最大的贡献是提供了分类标准。因此，这些指导方针属于基于波浪理论对走势分类标准的分析手段。但艾略特敏锐地察觉到了成交量分析的含金量，它完全可以脱离出去而独立存在，而不是只能依赖于波浪理论的体系。这就叫作“成交量独立跟随在波浪理论的各种模式之后”。

正确的外表

正确与否的标准是很难拿捏的，如果没有到达某一个“点”，那么很多东西都无从谈起。正确的外表，就是在说合理性，但门外汉觉得：“俺这个数法也很合理啊，凭什么合理与正确就成了少数人的专利？”有句话叫“白天不懂夜的黑”，只能说确实有某种东西“只可意会不可言传”，没有什么确定性的标准可言。也正因此波浪理论才会被称为艺术，而不是科学。

在这里，唯一能够把握的技术细节是“能看成五浪结构的一定要看成五浪结构”。仅此一点可以作为初学者用于把握的准绳，除此之外，也只剩下等待，等待浪形的清晰。

图 1–115 为笔者的一个朋友在学习波浪理论基本知识后，对上证指数周线图（2013—2019 年）波浪浪形的标定。我们可以从图上看出，波浪三大铁律：浪 1 与浪 4 不重叠、浪 2 的调整不会跌穿浪 1 起点、浪 3 不最短，在这个数浪方式下都得到遵从。但这个数浪方式仍然是错误的，这就是普莱

切特要认真而着重地指出“正确的外表”这个问题的原因所在，也是技术分析被称为艺术而不能被称为科学的重要原因。笔者在多年的研究和实践过程中发现，当我们开始学习一门新的知识，尤其是类似这种技术分析方面的新知识后，马上面临的就是一个“按图索骥”的过程。只有不断地否定和自我否定，才能排除错误，走向正确。以笔者的经验，当有一天，自己能够忽然从故纸堆里站起来说：“原来如此！”或者对着镜子里面的自己说：“你这个傻瓜，这样显而易见的东西，怎么到现在才搞明白？！”这个时候，我们基本上可以确定到了“开悟”点，之后，我们才能真正走上正确的研究分析之路，这被笔者称为“悟后起修”，而之前可以称为“盲修瞎练”。

图 1-115　一个错误数浪的案例

第三节　波浪个性

在最早接触波浪理论内容的阶段，笔者从未觉得波浪个性这个东西有什么存在的价值，也许它仅仅是为了让初学者更好地理解波浪的划分吧。这部分内容仿佛在说故事，可能就是为了给看不明白的人一点儿提示。直到后来遇见了刘老师才知道，波浪个性对自己这种数不明白浪形总犯迷糊的人是多么重要。每一个波浪理论的研究人员都应该深刻记忆本篇内容。

波浪个性的阐述，是对波浪理论基础原则的重要扩展。普莱切特认为，波浪个性具备将人类行为更为个性化地代入方程式的优势。

这句话是对波浪个性重要性的高度总结，笔者认为一点儿都不过分，可以说是恰如其分。上述表述也就是说，波浪个性是把波浪理论枯燥的规则条文扩展开来以后进行的表达。类似我们在学校里面学方程式：如何去理解 $x+y=z$ 呢？老师举例说明，1+2=3，4+3=7。

艾略特总结的波浪序列中每一浪的个性，作为反映其所包含的群体行为不可或缺的重要组成。群体情绪乐观变悲观，悲观再变乐观，循环往复，在每个时间周期内都遵循类似的途径，使得波浪结构中相似的环境出现在相应的位置。

技术分析理论的特点是，它是一种全息的理论，包含了所有我们需要的内容，只是我们未能全面领会。波浪理论的特点，一个是循环，另一个是周期，证明了价格运动模式与时间框架不断往复。两者也是密不可分的，因为循环是周期的循环，周期是循环的周期。同时波浪理论必然也可以作为技术分析三大假设“市场行为包含一切信息”“市场运行以趋势方式演进”“历史会重演”的一个重要佐证。

讲到周期问题，我们不得不提到中国古代的智慧之作《易经》，《易经》阐释的是万事万物变化的运行规律，其中《乾卦》揭示了天道的运行规律，我们可以尝试将其中的内容编排到对应的波浪当中，比如，当行情没运行到浪1时，即属于《乾卦·初九》：“潜龙勿用。”而当行情运行到浪1阶段时，即属于《乾卦·九二》：“见龙在田。”那么当行情运行到浪2阶段时，即属于

《乾卦·九三》："夕惕若厉，无咎。"当行情运行到浪3阶段时，即属于《乾卦·九五》："飞龙在天。"当行情运行到浪5阶段时，即属于《乾卦·上九》："亢龙有悔。"

> 每一类型波浪的个性，会显示出这个波浪是属于甚超级循环浪级或者亚微浪级。不管什么原因，当数浪不清晰，或者有几种可行的不同研判时，波浪个性不仅可以预告下一阶段我们应期待的可行性，有时也会有助于判断当前位置属于哪个波浪段落。

这段话应该存在多种不同的理解，笔者认为，本段想表达的含义是，波浪理论定义的从最大级别到最小级别的波浪，都存在着波浪个性的表现，而且这种表现均遵从规则的定义。当客观价格运行态势受制于主观分析的局限性时，或者仁者见仁、智者见智而难以取舍之时，如果我们可以判定当前波浪段落处于整个循环过程中的哪一段落，就能够去掉更多的错误答案。正如《市场行为的关键》一书中告诉我们的，当我们去除了所有的不可能，剩下的就是可能。这才是波浪理论最散发迷人魅力的所谓"预测"功能，也是其他趋势跟踪流派的技术分析方法无法提供的研究价值。不过，笔者仍然要提醒大家，当我们从客观的走势超前进入预测的领域时，我们必将受到主观思路的左右，从而导致与实际走势存在偏差，注意不要将这种偏差记在技术分析理论的头上。

> 波浪逐步展开的过程中，按照艾略特所说的规则，我们会有几种可行的数浪选择，通过对波浪个性的把握，可以进行取舍。确定某个波浪段落的性质结果会正确研判出更大更复杂的波浪结构。有关波浪个性的讨论以多头市场为例，在空头市场中，反过来运用即可。

一个波浪理论的研究人员，在市场刚刚开始运行的日子里，多数时候没有任何超前的优势可言。所谓"走出来才知道"，随着时间的推移，越来越多证据表明市场有可能处于哪个阶段，越到后期，走势越定型，才越有可能根据波浪理论已知的公式来推导下一步市场的发展模式。在这个过程中，同样的位置上，有时会有两个甚至两个以上的波浪参考模式符合要求，而在价格行进过程中，很多情况下，等待将会贻误战机。如何在当下确定价格运行结构的性质，从而做出正确的选择？可能只有波浪个性才能够给出答案。

图 1–116 显示了在推动五浪上升过程中的波浪个性展现。

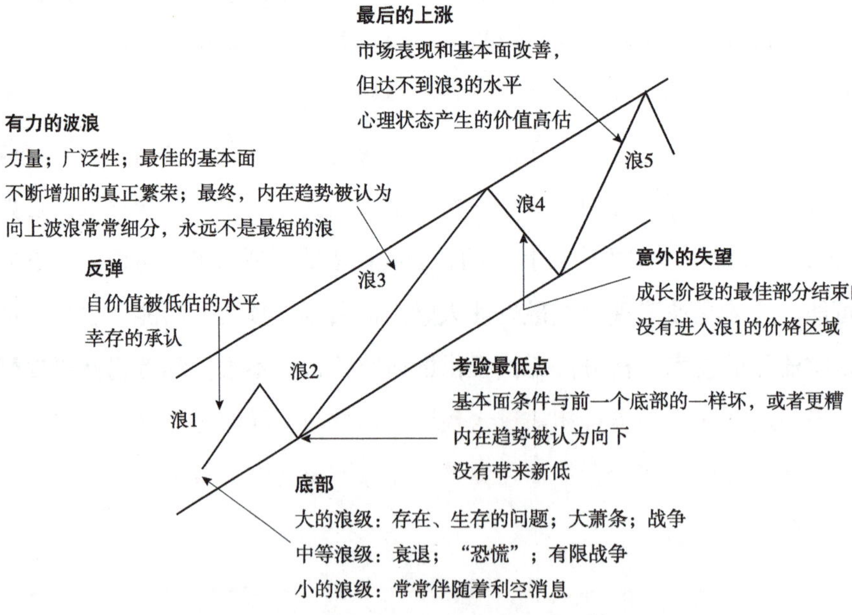

图 1–116　上升过程波浪个性示意图

图 1–117 为调整三浪在回落过程中的波浪个性展现。"资料反过来用"，指的是在向下推动、向上调整的时候，把图中标示的波浪个性，在两张图中相互倒置之后来看。五浪结构和三浪结构会有一重波浪不匹配，但大致意思差不多。

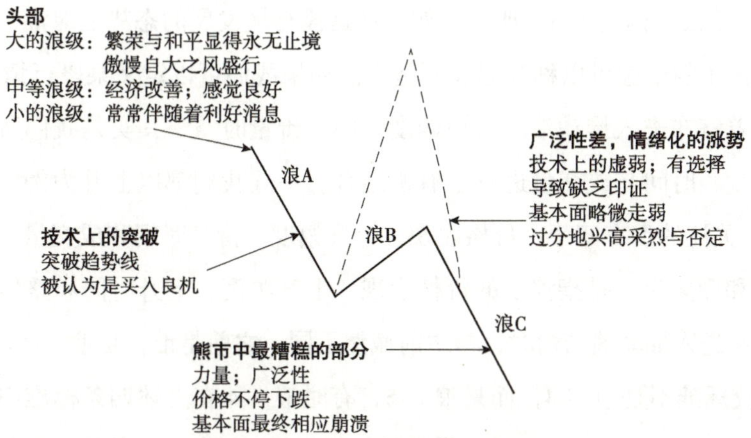

图 1-117　下降过程波浪个性示意图

1）浪 1

大致估计，一半左右的浪 1 是筑底过程的一部分，它们常常被浪 2 大幅调整。不过，跟之前下跌过程中的反弹比，浪 1 的上升更符合技术分析的要求，价格结构配合了成交量的温和放大与市场广泛性扩大。浪 1 过程中的卖空数量仍然很大，因为这一阶段大多数投资者已经认定市场趋势向下，浪 1 在他们眼中不过是又一次的熊市反弹，增加了一个做空的机会，不容放过。另外一半情况的浪 1，要么从之前的调整浪形成的大底部起涨，要么从下跌失败起涨，要么从极度的压制起涨，这部分情形下的浪 1 力道十足，之后的浪 2 回撤幅度也较小。

关于波浪个性，我们非常关心的问题是定性。在价格行进过程中，甚至事后，我们有时无法对浪形进行确定，所以才有了“波浪个性”这一节，通过一些具体描述来帮助研究人员定义特定段落的波浪名称。这不是为了定义而定义，而是为了能够对接下来的市场操作起到指导作用。当一段上升走势横空出世，波浪理论研究人员首先想到的几种可能性分别是：浪 1、五浪结构的浪a、三浪结构的浪a。那么，如何在这段行情发展的态势上对浪1进行认证呢？浪1的个性可以称为温和而坚定。如果我们可以定义某段行情为浪1，就意味着宣布进入推动浪。所谓四度空间、价量时空，其实是我们所说的方向、幅度、时间与成交量进行了有机结合。一般我们都以上升为例。对于浪1，我们关注的点有四个：价格表现、上升幅度、持续时间和成交量。这里所说的温和而坚定，是指浪1的价格表现、上升幅度、上升时间和整体成交量水平。在进入推动浪结构时，与之前截然不同。之前是谁，是浪c-4。然而浪1的比较标准不是浪c-4，而是浪c-5，有时浪c-4在上述四条标准中很有可能在某一条会强过浪1，这是很常见的。最终我们评价浪1的标准，是按照浪1强过浪c-5来确定的。当然，所说的浪1究竟是真正的浪1还是浪1-1，在行进过程中，先可以不用考虑得那么复杂。

而如果不是推动浪，这时就在某种程度上说明了为什么会有一半的浪1在“打底”。因为这个浪1其实不是浪1-1，而是浪a-1（这时浪a为锯齿形调整浪a-b-c中的浪a，5-3-5结构中的第一个5），或者浪c-1。一般情况下，最有可能的是浪a-1。打底的含义是什么呢？是上升幅度未能超过对应下跌段落。这个意思，并非否定了潜在的整体上升走势走出五浪结构成为浪1的可能性，而是在昭示，这个走势是一段反弹，它并没有进入推动浪。这样的走势，其实在价量时空四个要素中，必然至少有一个表现不佳，暗示其后可能会是一段强势的波段上涨行情，而不要期待牛市。如果这四个要素基本达不到，那么熊市的主要下跌段落根本没有结束，连波段上升行情也无须期待。

2）浪2

浪2对浪1的回撤幅度总是很大，浪2结束时，浪1中得到的浮盈基本会被抹平。买入看多期权结果最明显，浪2是恐慌的情绪环境，导致权利金暴跌。大家都认为熊市重现。浪2通常会以低量水平和窄幅波动结束，证明卖压的消失。

所谓的浪 1 一半一半的情况，区别在于极限价格低点是出现在浪 1 起点，还是出现在浪 1 起点之前的一轮回探。一般来说，我们会把浪 1 起点之前的一轮回探的低点，定义为 c-4 的起点。

图 1-118 为两种浪 1 的表现形式，左侧浪 1 起点为之前下跌最低点，这种情形下，浪 2 一般会面临深幅回探，由于前面的 c 段下跌没有显示出调整结束的迹象，这时市场参与者的思维逻辑仍然沉浸在下跌操作模式中，因此在浪 1 结束后，市场会惯性做空，导致浪 2 的回调幅度很多时候接近 100%。从形态分析上看，这就是典型的 W 底模式。右侧为浪 c-3 创出下跌过程最低点，而浪 c-5 未能进一步下跌形成新低，而表现为失败或者叫衰竭。这时的 W 底结构由前面的浪 c 后段结构与浪 1 共同形成，因此浪 2 阶段，市场参与者的看空情绪减弱，浪 2 可能走出强势整理。但有时，浪 2 在这种情况下，回落幅度也不一定太小。用形态分析的逻辑解释，底部结构除了 W 底，还有三重底的存在。

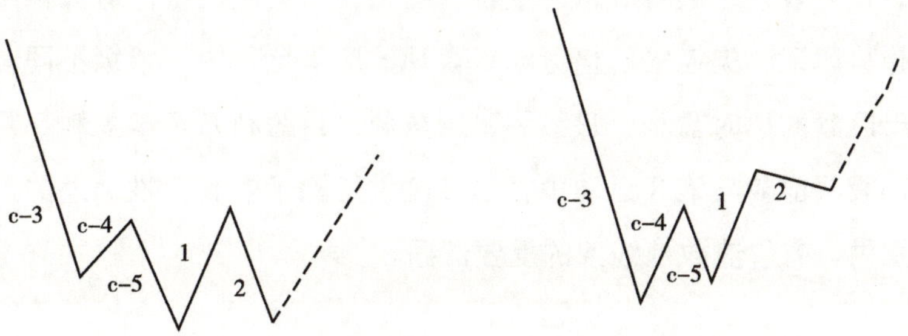

图 1-118　两种浪 1 表现形式的简化表达

还有一种思考模式是，如果在浪 1 起点之前的、对应浪 1 整体幅度的下跌段落属于直接的回落，则浪 2 通常会出现相对深幅的调整；如果并非直接回落，而是出现了相对复杂的整理，则浪 2 回落幅度可能就相对较小。我们考察浪 2 是否出现了较大的深幅调整，评价的标准可以考虑设定为浪 1 升幅的 50%。

以上是结合浪 1 表现对浪 2 做出的预期，但并不保证实际情况一定如此。其实单纯考虑浪2的个性，交替规则通常告诉我们"2简单4复杂"。对应在浪2位置也可能出现的是浪b——如果是浪b，它的表现一定是复杂的，因为复杂是调整浪的特质，简单才是推动浪的特质。市场中流行一句话，叫以时间换空间，如果力求简单，那么一个短平快的深幅回调最符合浪2的个性。如果无法达到这一目的，则退而求其次，搞成一个简短的横盘走势。根据观察，简短横盘这种浪2，作为浪c-2，或者浪5-2的可能性较大。

3）浪3

浪3就是传说中夺目的奇迹。最强劲，最强的市场广泛性，浪3的趋势毋庸置疑。信心十足，基本面也十分配合。浪3拥有最大的成交量，最大的价格波动幅度。多数情况下属于延长浪。浪3之中的浪3，诸如此类，在所有波浪序列中，都是最具爆发性的阶段。届时，突破、连续地跳空、放量、超强的市场广泛性、道氏理论主要趋势印证、失控的价格运动等表现一应俱全。由于浪级不同，产生出巨额的小时盈利、日盈利、周盈利、月盈利乃至年盈利。几乎全部股票都参与浪3运动中，浪3个性是除了浪b个性之外的，可以提供最有价值数浪线索的重要证据。

浪3是看多意见分歧最小的段落，同心协力创造奇迹。因此浪3是最吸引眼球的走势，最容易定性，在可分辨性方面排名仅次于浪B。其核心要旨在于最强的市场广泛性——在浪3运行时，几乎看不到任何不利因素。然而，市场广泛性这个要素只存在于市场群体条件下，单一品种是无法考察市场广泛性的，我们只能通过除此之外的价格表现、上升幅度、持续时间还有成交量这些因素来进行定性。在波浪铁律当中对浪3的描述仅仅为"不是最短"，但实际上，浪3往往是最长的段落。最强的市场广泛性导致最多数量的个股参与运动，因此自然而然地拥有最大的成交量。就好比吃鱼，浪3属于鱼身，而浪 1 与浪 5 则分别是鱼头和鱼尾，大家当然都爱吃鱼身。从市场参与者心态角度看，行情处于浪 1 时，很多人尚在犹疑不定，不知道市场已经从熊市中摆脱出来，而浪 5 时，部分跟风个股已经无法吸引市场参与者兴趣，仅剩少数强势个股，特别是指标股来维持热络的局面。

浪 3 基本上都会出现延长，因此重中之重是被称作“3 浪 3”的主升段落，我们应该称之为“浪 3–3”，就是很多波浪理论研究人员孜孜以求的、能够带来最多和最快盈利的位置。

4）浪 4

浪 4 的幅度和形态可以根据交替规则来预测，浪 4 与同一浪级的浪 2 必然不同。浪 4 一般是横盘走势，为最后的浪 5 做铺垫。弱势个股在浪 4 中见顶回落，因为只有强势的浪 3 才有能力让这些个股出现涨幅。市场的这种初步恶化开始了无法得到印证的走势，作为浪 5 衰退表现未能引起注意的早期警示。

浪 4 运行一般都会倾向于复杂，因为我们前面说过了，交替规则告诉我们“2 简单 4 复杂”。但是如果 2 复杂了怎么办？那么 4 就会简单。不过，简单的浪 4 之后，往往会出现一个走势相对复杂的浪 5，所以简单的只是浪 4 本身，没有降低浪 4 价格区间的复杂程度。如果我们发现一个浪 4 看起来复杂程度与浪 2 相当，那正好是走势出现了延长的信号，需要多加注意。从市场广泛性角度来看，大多数的跟风个股，将不会参与到浪 5 的最后诱惑中，其实浪 4 就是这部分股票遭到抛售而形成，浪 3 是它们与领导股的“蜜月期”，从浪 4 开始，两者注定会分道扬镳。结果是上涨的序列里面只剩下了孤掌难鸣的领导股带动指数进入虚假繁荣的浪 5，所以被称为“没有印证”，而因为一大批股票已经做头，所以浪 5 的成交水准大不如前，这就是典型的虚弱表现。

5）浪5

浪5的市场广泛性比浪3要明显减弱，同时伴随着较浪3更小的上涨力度。当然，如果浪5延长了，浪5–3的上涨力度有机会超过浪3。同样地，成交量即便是在循环浪级及更大浪级的连续推动浪过程中表现为持续放大，也只会在浪5延长时出现在中浪级及更小级别的浪5中有增量表现。除此之外的一般情形，我们都会把成交量减低作为浪5区别于浪3的重要标准。部分市场参与者期待"井喷"式走势出现在长期趋势的结束位置，但普莱切特的研究认为股票市场的历史行情中并未发现这种先例。就算浪5是延长浪，浪5–5的走势也通常是渐进地衰弱。在上升的浪5中，伴随着收窄的市场广泛性，投资者的乐观情绪反而越发高涨，而且市场的活跃程度的确强于之前调整浪中反弹的水平。以普莱切特的研究案例看，1976年末道指的上升驱动浪力度一般，但比照之前4月、7月、9月的上升调整浪，其市场广泛性等相关指标的强度还是略胜一筹。更令人惊奇的是，这个未能创出新高的失败浪5，其好友指数却创出了历史最高纪录。

常规的表现形式下，浪5的广泛性一定是弱于浪3的，因为众多的股票已经在浪4开始做头，不再参与浪5的上涨，那么如果预设浪5的位置真的是浪5，这段走势只能是少数股票享有的专利。反过来说，如果在预设浪5的位置上，市场的广泛性没有减弱，反而增加，那就必然是延长的表现。一方面，由于存在无界定延长，我们预设的浪5位置，可能出现的是谁呢？浪3–3。另一方面，如果这个浪5出现了延长，这时的浪3表现趋同于浪1，这个浪3只能说不会最弱，但最强的位置，一定被浪5霸占。所以说，如果浪5–3的表现强于浪3–3，那么其实是一种暗示：浪3与浪5同时延长了。

浪5是分水岭，是拐点即将出现的地方，至于它会不会出现，还要由成交量水平决定。寻找较少的成交量，是确认浪 5 的重要信号。

图 1-119 为上证指数日线 2015 年中 5178.19 点附近见顶的情况。尽管在最后上升浪 5 中创出了 13000 亿元的天量，但最后极端点位出现的浪 5-5 结束位置上，成交量水平仍明显减少，说明股票市场的成交确实未出现所谓的“末端喷发”。需要注意的是，浪 5 区域整体的成交水平确实是本段上升以来最大的。

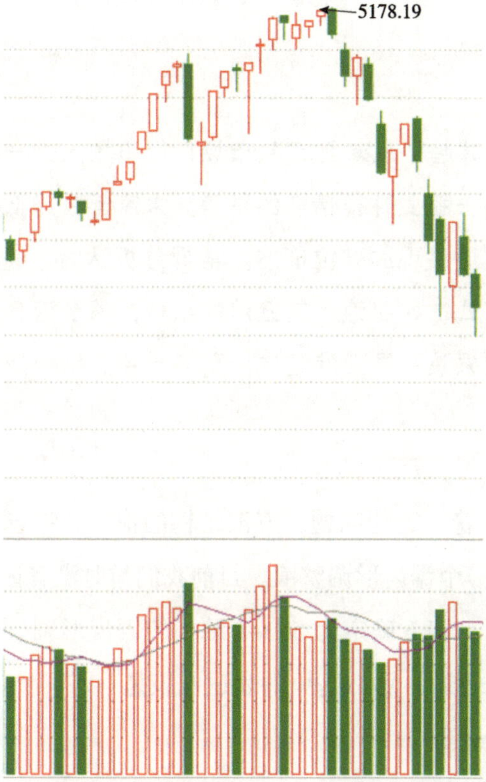

图 1-119　上证指数日线 2015 年中见顶位置的成交表现

在浪 5 中，投资者的乐观情绪是高涨的，市场的价格活动活跃度也明显比之前的调整区域即浪 4 增加了，但市场广泛性却在减弱，这种现象反映出，在浪 5 热络的表面气氛中，已经有人悄悄地撤退了。情绪高涨，但没能达到相应价格水平，是因为潜在的反向作用力存在。从结构上看，是一个五浪的上升，所以判定其为浪 5。二级指数通常是指行业或板块的分类指数，作为成分指数的组成群组。累积腾落指数是专门针对大盘设定的一种指标，用于记录整个市场上涨跌家数的变化及其比率，其把上涨家数记为正值，下跌家数记为负值，通过正负相加逐日累积计算而得来。在这里我们看到，跟浪 4 相比，浪 5 的上述两个方面表现几乎同时走弱。所谓的乐观表述，在某种程度上，代表的也许是期望，或者更进一步，是“贪婪的外衣”。中国古人所谓“视思明，听思聪”“听其言，观其行”，诚不我欺也。

6）浪 a

浪 a 意味着趋势反转至空头市场，但市场人士一致认为这个反作用浪只是下一腿上升行情前的蓄势。大家都在趁低吸纳，而不管走势上已经明显出现的破位征兆。常规分析认为，通过浪 a 可以预估出浪 b 的模式，如果浪 a 是五浪的结构，那么浪 b 就应该是锯齿形调整浪，如果浪 a 是三浪结构，则浪 b 会是平台形调整浪或者三角形调整浪。

上述观点存在着一定的问题，五浪结构的浪 a 意味着这段调整就是整个的三浪 a–b–c，是一个锯齿形调整浪。目前我们暂时没有证据证明，在一个五浪结构的浪 a 之后，浪 b 确定为 5–3–5 结构的锯齿形调整浪。同时，后面这句话如果联系起来理解，那么这里的表述应该是：“五浪结构的浪 a 意味着整个调整浪的结构是锯齿形调整浪，而三浪结构的浪 a 意味着平台形或三角形调整浪。”

一般来说，在一个五浪结构的浪 a 调整后，随之而来的浪 b 往往是平台形的，而一个三浪结构的浪 a 调整后，随之而来的浪 b 往往是锯齿形的。因此，浪 a 为随后的浪 b 定下了调子这个说法是值得借鉴的。

在一个完整的八浪循环中，我们有两种观察方法，一种是波浪理论固有的上升五下降三的逻辑，另一种是把八个浪前后两两相对分成四组，这时浪 1

对浪2、浪3对浪4、浪5对浪a、浪b对浪c。前面在讨论浪1和浪2时认识到，浪2出现深幅调整的内在动因是市场参与者的情绪仍然沉浸在熊市的高抛低吸氛围中，没有注意到浪1时的市场已经发生了质变。那么同样地，对于浪5的盛极而衰，其实大多数市场参与者也会无动于衷，甚至因在涨势中遇到难得的逢低吸纳机会而欢欣鼓舞。在经历了浪1与浪2、浪3与浪4两个回合的较量之后，牛市带来的踏空记忆深入人心，市场参与者已经不害怕回调，转而害怕踏空。因此他们确信这个下跌只是又一个“骗筹”的计策，坚定的持仓信心以及“好再来”的增仓，让浪a下跌的动力看起来没有浪2与浪4中的那么可怕。但是往往这么热络的交易，却不能阻止新低的频频出现，同时放量反弹冲高却没有新高形成，“努力却没有结果”，就是最初的技术性破坏裂纹。

7）浪b

浪b被称作赝品。艾略特说，浪b是无知者的举动、多头陷阱、投机者的天堂；零股投资者心态的放纵，或者愚蠢的机构投资者自满情绪的显露，有时两者兼有。其涨势通常只集中于少部分股票，经常性地得不到其他平均指数的“印证”。从技术上看，浪b通常也并非强势行情，同时，被浪c完全回撤也是常态。如果研究员说市场走势看不懂，那它基本上就处于浪b。浪x和扩散形三角形调整浪中的浪d都是反弹调整浪，性质与浪b趋同。

浪b是最具鲜明性格特征的时段，表现出典型的特立独行，在我们划分的八浪四组当中，浪1和浪2、浪3和浪4、浪5和浪a这三组与浪b和浪c迥然不同。浪b是赝品，也称为“假牛市”。提示大家注意，普莱切特除了《市场行为的关键》《艾略特名著集》外，还出版了一本《站在浪潮的巅峰》，据说主要讲述了作为自然法则的波浪理论在人文社科领域的各种应用。的确，如果我们套用波浪结构来看中国3000年来的历史进程，大致可以形成这样一种观感：汉，可以看作浪1，那么三国两晋南北朝则为浪2，唐，可以看作浪

3，那么五代十国为浪4，宋，可以看作浪5，而元，则是浪b。浪b的特点是个性鲜明，因此它的共性并不显著，所以我们使用的通行原则也就不灵光了，或者说让人感到迷惑，而这正是最容易界定的要点。

无知者无畏。市场观察者之所以会在研究浪b过程中感到迷惘，是因为之前所有的秩序和规则，几乎都被打破了，乱象纷呈，那只"看不见的手"暂时收了回去，任由市场野蛮生长。在浪1、浪3、浪5的经历之后，投资者生怕错过最后一班车，赚钱效应作用下，引发了极度的心理不平衡。电影桥段里经常出现的经典台词特别适合放在这里：做了这最后一票，咱们就金盆洗手退隐江湖。股神一般也会出现在浪b的时段，数量如此之多，以至于可用造神运动这种词汇来形容。

可以将零股投资者理解为散户，国内市场一般起点都是100股，100股以下称为零股，国外市场是允许1股、2股这样子买卖股票的，就是手续费贵点儿，批发总是要比零售便宜些。

浪b是跑龙套角色的表演时间，如果说推动浪的推动力来自蓝筹股和权重股，那么当进入到浪b的时候，那些大家伙都已经"歇菜"了，而迟迟没有得到表现机会的垃圾股，终于从"麦霸"手中抢过了麦克风，尽情宣泄压抑已久的动能。蓝筹股的持有者号称投资者，所以垃圾股的持有者自然就被归类为投机者。当然，所谓的机构投资者大致可分为两类：一类被称为势头投资者，就是炒波段的；另一类被称为价值投资者，就是抱团取暖的。进入浪b阶段的时候，其实势头投资者已经曲终人散了，所以市场里只剩下价值投资者，他们的标签通常是"一年四季全满仓，打死都不卖"。如果刚刚经历一轮声势浩大的升势，这些价值投资者们的账面浮盈会令人艳羡，从而更加坚定了他们的信心，尽管这种信心是一把双刃剑。批评价值投资者"愚蠢"的，一定是那些所谓的势头投资者。

对于群体或市场、或行业、或板块来说，浪b的最典型特征是市场广泛性缺乏，而牛市的基础就是市场广泛性，所以缺乏市场广泛性的上涨就被称为“假牛市”。我们现在常常会听到一个词叫结构性牛市，这个词汇就具有典型的浪 b 特征。我们生活的这个时代，是一个颠覆性的时代，以至于我们已经习惯了这种突破底线的创造性的词汇，比如负增长。当一个小于 0 的“正数”出现可以堂而皇之地在大街上晃时，我们已没有什么不能接受的，否则就是“执着于不执着”。我想，这就是浪 b 存在的思想基础吧。

关于道氏理论的伟大意义中，“印证”对于市场广泛性的理解至关重要，我们将相关内容列在下面，以飨读者。

道氏理论

按查尔斯 · H. 道之说，市场的主要趋势是广泛性的，可以吞没一切的潮流（Tide）。这个潮流会被波浪或者次级反作用以及反弹打断。比这些更小规模的运动是波浪上的波纹（Ripple），除非波纹能形成线，否则可以忽略不计。线被定义为横盘在 5% 内的波动持续至少 3 周。其理论主要依据道指的运输指数与工业指数。

查尔斯 · H. 道的观察表明，就像航标在涨潮时浮在海面，落潮时会出现在岸边沙滩上，走势图显示的股票价格起伏也是同样道理。总结价格起起伏伏的这些经验，汇聚成道氏理论的基本原则：两个指数都是同一片海洋的组成部分，所以其中一个指数的潮汐变化必然与另一个息息相关。因此，仅由一个指数运动显现的新高或新低趋势，应该被视为缺少其他指数的印证。

艾略特波浪理论与道氏理论有诸多共性。在推动浪上升过程中，就是一个健康的市场，市场广泛性强，并且有其他指数的印证。在调整上升浪和终结倾向三角形上升过程中，出现背离是常态，或者我们就称之为缺乏印证。查尔斯 · H. 道的追随者们也发现并总结出在一轮上升行情中，市场中存在三个阶段的心理变化。这两种市场分析方法达成的共识，就是波浪理论所阐述的浪 1、浪 3 和浪 5 的波浪个性。

波浪理论确认了道氏理论的大部分内容，但道氏理论并未证实波浪理论。原因在于，艾略特描述的波浪式行为概念有一种数学基础，所以只需对一个指数的特定结构进行研判。这两种理论都建立在观察并总结经验的基础上，并且理论与实践互相促进。例如，指数的波浪结构可以预先提示道氏理论家缺乏印证的表现即将出现。如果工业指数走完了4个浪，正在运行浪5部分，而运输指数表现为锯齿形调整浪中的浪b反弹，缺乏印证就是显而易见的。普莱切特指出，1977年5月，道指运输指数正准备创出新高的时候，工业指数在1月、2月出现的五浪下跌清晰地表明运输指数的上升段落必然缺乏印证。

反过来看，道氏理论中的缺乏印证也可以警醒艾略特波浪理论分析师，要检查一下自己的数浪方式，反转是否值得期待。总之，一种理论知识的熟练运用可以辅助另外的理论运用。道氏理论的创立是早于波浪理论的，而且作为整体技术分析理论的基石，其历史意义，以及多年来指导实践的伟大作用，都应该得到波浪理论追随者的敬仰。

如果我们生搬硬套，其实波浪理论可以理解为道氏理论中，介于潮流与次级反作用之间的段落表现形式的归纳。难怪道氏理论会被尊为所有技术分析的始祖，通过对比我们可以发现，道氏理论对推动浪的描述基本上相当于波浪理论中的波浪个性，可谓英雄所见略同。如果我们可以打破门户之见，那么波浪理论可以进行超前预警，而道氏理论可以在价格行进过程中作为验证。

如果要说浪b最鲜明的特点，那一定就是这个"缺乏印证"。同样强势的走势，区别浪3与浪b，恐怕也只能通过这一手段。当一个完整的五浪上升结构出现在我们眼前，并且也经历了调整阶段，现在一个强势的上涨再度出现时，是浪3来了，还是"牛市陷阱"的浪b和浪c？无从分别才会造成无知者的举动，有知之所知，当然就是所谓的市场广泛性。

浪 b 作为最具典型特色的波浪结构，在普莱切特的论述中，提供了很多道指经典案例，尽管我们主要研究 A 股走势，这些历史经验仍值得我们反复玩味。

1930 年的反弹调整浪是 1929—1932 年的 abc 锯齿形调整浪下跌行情过程中的浪 b。罗伯特·雷亚在他的经典著作《平均指数史话》中，将那次情绪的沸点进行了淋漓尽致的描述：

许多市场分析人士将其认定为牛市的信号，我清楚地记得，1929 年 10 月建立的空头仓位盈利之后，在 12 月初我继续做空。但 1 月到 2 月，行情缓慢且坚定地升越前高，大额浮亏让我开始变得惊恐不安。我那时根本想不起理论原则写明了的：一般情形下，应该预期这种反弹会回撤到 1929 年下跌段落的 66% 甚至更多。几乎所有人都在说大牛市重现了。各种投资咨询机构都提出了极端的看涨观点，而且反弹中成交量即将超过 1929 年高点的峰值。

案例对我们理解原理是至关重要的，正如老师在讲解完公式之后，一定会通过几道例题来营造身临其境的代入感。浪 b 的强势感，从未输于浪 3，赝品之所以成为赝品，因为它可以做到以假乱真，所以仅仅靠感觉在市场中生存，通常是要缴智商税的。先哲的理论来自实际经验而非凭空想象，不断探索，血泪体悟，总结升华。正如儒家所谓“畏天命，畏大人，畏圣人之言”。

1966—1968 年的上涨行情中出现了循环浪级调整模式的浪 b。情感占据了投资者的内心，低价垃圾股在投机狂潮中不断“放卫星”。这种表现与浪 1 和浪 3 过程中二线蓝筹按部就班地轮动有天壤之别。道指工业指数在整个上升过程中一步三晃，并且最终也没能印证分类指数中的新高。

这就是所说的标准模式的浪 b 表现。道指拒绝印证新高，说明了大蓝筹的弱势。主角缺失的舞台“群魔乱舞”，令人眼花缭乱。一般理解中的市场，应该按电视剧《马大帅》中范德彪所说“按套路打”，而推动浪中有秩序有调节意味着“everything is under control”。现在的浪 b，整个就是一个乱拳打死老师傅的格局，什么估值啊、业绩啊，统统不好使，所以分析人员已经“看不懂手表”了。此时，飙升的股票一定不是那些靠价值的款式，而是比“烂”，“我是流氓我怕谁”。

1977 年，道指运输指数在浪 b 过程中创出新高，但仍旧无法得到工业指数的印证。航空公司和公路运输公司股价呆滞，只有负责运输煤炭的铁路公司部分参与其中。显示出指数中缺乏市场广泛性，并再次印证了市场广泛性是推动浪属性，而非调整浪属性。

反弹与反转的区别是什么，就是市场广泛性，市场大多数股票都能参与的走势必然是反转，而局部的股票参与的走势只能造就反弹。推动浪就是反转，调整浪就是反弹。

除股票市场外，普莱切特对黄金市场走势中的浪 b 表现也进行了有价值的记录。1974 年 12 月，在浪 a 完成了初始下跌后，黄金的价格涨至接近 200 美元 / 盎司的历史天价。这是扩散平台形调整浪的浪 b，沿通道线下轨爬升，这是反弹调整浪的常态，十足的浪 b 波浪个性，暴露出上升行情的“赝品”本质。一方面，当时大家都知道有利好消息：1975 年 1 月 1 日起美国的黄金持有合法化。另一方面，北美和南非的金矿股弱势表现，无力印证牛市想象，其实是在预警。

波浪理论并非股票市场的专利，只是市场广泛性方面，股票市场的表现最为淋漓尽致。本例旨在通过期货市场走势没有被相关股票所印证来做侧面提示，但其实浪 b 通常才是市场热情的沸点，却无法得到走势的印证，走势的弱化与之不相匹配。

整体而言，中浪级和更小级别的浪 b 通常表现为成交量萎缩，而大浪级和更大级别的浪 b 则表现为成交量放大，后者显示出公众的广泛积极参与。

成交水准是再次的提示，这个问题在前面已经深入探讨，这里再次加深印象。整个浪 b 的描述在十种个性中所费笔墨最多，因为抓住了主要矛盾是成功的开始，任何高难技巧均来自对基础原理的深刻理解，浪 b 是一个非常好的切入点。

8）浪 c

下跌的浪 c 具有极大的破坏性。因为浪 c 实际上也可以看成浪 3，具备浪 3 的大部分属性。在浪 c 下跌中，持有现金才是不二之选。在浪 a 和浪 b 过程中产生的幻想，在浪 c 中彻底破灭，剩下的只有恐惧。浪 c 广泛性强，持续时间长。1930—1932 年的道指是一个浪 c，1962 年也是浪 c。1969—1970 年，还有 1973—1974 年也都是浪 c。在大级别熊市中的反弹调整浪中，上升的浪 c 段落也是强势的，所以总是会被误认为是新一轮上升行情展开，特别是看到了它的五浪结构时，比如 1973 年 10 月的反弹，就是典型的倒置扩散平台形调整浪的浪 c。

从位置上说，浪 3 与浪 c 处于类似的阶段，浪 c 是调整区段的推动浪，虽然没能集中浪 3 的全部特征，但二者相似性非常高，特别是浪 c 走出延长表现的时候，两者是如此难以区分，以至于我们几乎可以将这个延长的浪 c

直接视同浪3来操作。浪c的广泛性是一种与之前推动浪方向相反的广泛性，即当浪3展示的是向上运动的市场广泛性时，浪c就展示向下运动的市场广泛性，如果浪b展开的是一场"造神运动"，适时出现的浪c则迫使他们走下神坛。浪c的持续时间长短要看参照物，与浪a相比，浪c的持续时间通常要长，这一点是基本可以确定的，但与浪b相比，到底谁持续时间长就不一定了。就算是在三角形调整浪中，浪c往往是幅度最大的、持续时间最长的，但也有若干案例证明浪b有时也会在某个方面超过浪c，特别是在顺势三角形调整浪中。不过，一定要注意，我们所说的三角形调整浪中的浪c与一般意义上的浪c不是一回事。

我们一定要知道，调整浪之所以称为调整浪，就是因为它跟推动浪不一样，它再强悍，也仍然是调整浪。这也给我们提供了行情研判的基础框架，一段走势到底是推动阶段还是调整阶段，决定了我们的投资决策。浪c之所以是浪c，而没有被定义为浪3，就是因为它是调整浪中的推动浪，因此它的种种表现都是有限度的，受制于它参与调整的那个推动过程。但是，作为推动的阶段，特别是存在着延长这种表现的情况，我们也一定不要因为"区区一个调整浪能厉害到哪里去"的想法而掉以轻心，作为下跌的主要阶段，无论是在时间还是空间方面，都要对浪c足够重视。

9）浪d

除了扩散三角形调整浪中的情况，其他所有的浪d通常都会有成交量放大的表现。原因可能是收敛的三角形调整浪中，浪d是"混血儿"，它是部分成分的调整浪，其中混杂进了浪1的某些属性，原因在于它们出现在浪c之后，并且不能被完全地回撤。在调整浪中，上升的浪d与浪b是同类的牛市赝品。1970—1973年的涨势是循环浪级的浪Ⅳ中的浪d。当时，平庸的机构基金经理做出"唯一决策"，这种自满情绪得到了最好的证明。市场广泛性也不强，只有漂亮50和热点股有资金追捧。1972 年，市场广泛性伴随运输平均指数早早见顶，无法印证漂亮 50 畸高的 PE。为了备战大选，华盛顿在整个上涨过程中勉强维持虚假繁荣，总之，浪 d 同样被授予牛市赝品的标签。

对于一个常规的八浪循环，到浪 c 就已经结束了，浪 d 与浪 e，都只存在于三角形调整浪当中。

为什么在扩散三角形调整浪中的浪 4 没有伴随放量呢？原因是，当一个扩散平台形调整浪结束后，出现一个新的上升，通常是会放量的，只有没有成交量增加的表现，才可以考虑三角形调整浪出现的可能性。而在普通的三角形走势中，浪 d 有放量表现是因为在这个位置上出现浪 1 的可能性是有的。在这里要提示大家，对这个放量要注意，它是相对前面的浪 c 而言的，因为对于三角形调整浪来说，浪 d 的强度未必可以超过浪 b。因此浪 d 仍然属于假牛市，但这个假牛市与浪 b 有本质的不同，因为浪 b 是以假乱真，而浪 d 则属于弄假成真。这是由于两者分属不同的阶段，浪 d 的假，是因为它是一种混合体，从时间上说，它应该进入推动浪阶段了，但是从空间上看，它仍在调整浪界定的领域内。浪 d 与浪 e 其实是在践行一句话：以时间换空间。因为三角形调整浪中的浪 c 是三浪结构，与常规的浪 c 相比实际上少了一轮上下。作为对没能进一步下行的补偿，这一对上下，演变成了三角形调整浪中的浪 d 和浪 e。

参与的范围窄，这是一种缺乏市场广泛性的另类表述。在浪 d 过程中，混乱仍然是存在的，这几乎可以说是牛市赝品的标配，因为主流的板块运动不符合推动浪中最基本的定义，大多数的板块未经准备仓促上阵，因此表现乏善可陈。但我们要注意到，浪 b 与浪 d 最大的区别在于时段，如果说浪 b 代表了混乱的开始，则浪 d 代表了混乱的结束。带有浪 1 特色，这是从技术标准上来看的；而类似浪 b，这是从市场情绪上看的，利好维持的繁荣，与典型浪 1 中尚未从熊市中恢复的市场情绪不同。因此种种自相矛盾的信号闪现，可能就是浪 d 的特点。

10）浪 e

大多数市场观察者的看法是，三角形调整浪中的浪 e 是见顶后新一轮下跌趋势的发端。它们几乎总是会伴随着毋庸置疑的利空消息，配合着浪 e 带着突破三角形下边界线的企图，让市场参与者在本应准备大胆拥抱牛市的当口，反而越发坚定了看空的信念。由此可见，作为终结阶段的浪 e 中，市场参与者的心理，如同浪 5 那样情绪化。

浪 b 与浪 d，尤其是顺势三角形调整浪，给人的感觉非常像一个双头的形态。所以当浪 e 的调整开始时，人们自然而然地推理为新下跌的开始。支撑力强这种表述或许会给读者造成一定的困扰，而此处的支撑，在下跌中指支撑看空观点。

浪 e 在某种意义上讲也算第五浪，所以具备浪 5 的特点就非常容易理解了。对于浪 5 来说，最根本的问题在于经历了浪 3 之后，投资者越发坚定自己此前的判断，而且希求"百尺竿头，更进一步"，因此情绪开始变成行为的主导。

第二篇

具体应用

本篇内容按照从大框架到小细节编排，对三十年来上证指数运行中的浪形划分全面细致地进行认定，将波浪理论相关规则运用在A股市场，便于读者对照体会。同时，对存在多种数浪可能性的位置为何最终选择当前数浪方式，阐明了依据。

第一章
上证指数 1990—2020 年走势浪形分析

图 2-1 为上证指数对数坐标月线图，展示了上证指数从 1990 年 12 月 19 日 95.79 点起到 2020 年初的全景走势。

图 2-1　上证指数月线对数坐标全景图

分析长期趋势使用对数图表和月线图表相对来说更为合理一些。同时，所谓浪级问题也凸显重要性。对于如何确定浪级，权威人士并未给出明确的指导意见，并指出“精确的浪级通常与成功的预测无关”。笔者在此抛砖引玉，提出个人对浪级划分的建议：在一个可以确定的完整八浪循环结构中，选取最明显的基础波段，确定为小浪，连接小浪确定中浪，连接中浪确定大浪，以此类推。如果不按这个思路去确定浪级，因为波浪向上可以连接成更

注：本章涉及的点位较多，如在图中全部标示出来会影响浪形标记的整体效果，读者可通过相关电脑软件对照具体点位查看。

大一级、向下可以细分为更小级别，很容易把自己绕糊涂了。当然，由于延长的存在，浪级的确定不会如此简单，但秉持这个思路，浪级的确定显然更具有可操作性。在图 2-1 中，我们首先确定从 325.89 点至 2245.43 点再至 998.23 点为完整八浪循环，并确定 325.89 点至 2245.43 点为大浪级，标定为①，2245.43 点至 998.23 点标定为②。它们与随后出现的波浪将形成更大一级的波浪，即循环浪级。

确定这个八浪循环本身的浪级相对简单，难点在于如何确定前面和后面波浪段落的级别定位。这里面还有一个非常重要的问题，就是我们能不能确定指数在成立之初即同步于整个趋势的起点，因为个股各有各的波浪段落划分，在价格记录的最初，很多情况下并不是波浪的起点。股市作为经济的晴雨表，必然属于后来者，作为人类经济行为的轨迹，股票市场指数的发端，是终极起点吗？恐怕不是。那么退而求其次，这个发端，是否是一段完整循环的起点呢？看来我们也只能做这样的假设了。因此我们把前面这段 95.79 点至 1558.95 点定义为循环浪级的浪Ⅰ，然后把 1558.95 点至 325.89 点定义为浪Ⅱ，从 325.89 点开始，进入循环浪级的浪Ⅲ，但这个波浪段落远未完成。

我们注意到，有些观点认为 325.89 点至 2245.43 点应视为这个循环浪级的浪Ⅴ，这取决于对大周期的理解，以及对 325.89 点至 2245.43 点波浪段落内部细分子浪结构的理解，我们没有确凿的证据证明这个看法不成立，但从我们观察的角度，我们选择了现在这种波浪数法。

另外一个问题是，行情在 998.23 点之后，按照我们的定义，波浪段落应已进入大浪级的浪③，但 998.23 点至 6124.04 点这个段落至少从现在看来，并未完成整个的大浪级浪③，那么我们应该理解为在这个推动浪过程中出现了延长表现，因此我们将其定义为中浪级浪③ –（1），而 6124.04 之后，推定为浪③ –（2）的组成部分，至本书编写时，该浪仍在运行。进一步细分的浪形争议就更大了，其实我们前面这些浪形和浪级的判定，笔者的看法仅为一家之言，而其后的浪形划分，就算不考虑浪级等因素，单单对浪形定义达成共识都是一件不容易的事情。我们要做的，是确保逻辑严谨，给出具有参考价值的观点。

我们的看法是，6124.04 点至 1664.93 点作为小浪级的浪③ -（2）-A，1664.93 点之后，进入浪③ -（2）-B。我们视其为一个向上三浪反弹结构，这个三浪结构仍然是一个 a-b-c 的模式，其中 1664.93 点至 3478.01 点上升段落为浪③ -（2）-B- ⓐ。前面 6124.04 点一直到 3478.01 点这里，如果不考虑浪级，基本上是无异议的，主要的争议出现在 3478.01 点之后的走势。

常规的思路，是将 1664.93 点至 5178.19 点视为浪③ -（2）-B 的整个段落，即一段三浪结构的反弹，自 5178.19 点之后的回落，视为进入了浪③ -（2）-C。这个看法是将 1849.65 点至 5178.19 点视为浪 B- ⓒ。笔者的看法是，1849.65 点至 5178.19 点确实是一个五浪结构的上升段落，但此处的反弹段落并非五浪结构，而属于一个扩散平台形的调整浪，因此，3478.01 点之后，上证指数进入一个三角形浪ⓑ，在这个浪ⓑ中，3478.01 点至 1849.65 点为浪（a），1849.65 点至 5178.19 点为浪（b），5178.19 点至 2440.91 点为浪（c），2440.91 点至现在为浪（d），在浪（d）反弹后，还会有一个浪（e）的调整。在浪（e）调整结束之后，出现一个反弹上升五浪结构的浪ⓒ。这时，自 1664.93 点开始的反弹上升浪③ -（2）-B 才能结束。有关具体浪形划分方法，我们在接下来详细向大家汇报。

图 2-2 为上证指数 3478.01 点之后，浪 B-ⓑ结构示意图，这是一个收敛三角形结构。

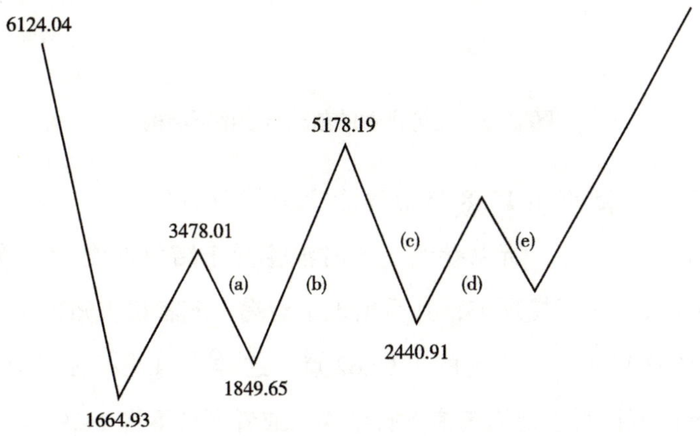

图 2-2　上证指数 3478.01 点之后浪 B- ⓑ结构简化表达

我们先来看上证指数的第一阶段八浪循环结构。图 2-3 为 95.79 点至 325.89 点区间的上证指数周线图。首先我们说为什么会认为 325.89 点至 2245.43 点为 95.79 点开始后的浪⑤？原因在于，浪①、浪②、浪③都是无异议的，但如把 1429.01 点至 325.89 点这个段落视为一个三浪调整的浪④，则 325.89 点至 2245.43 点这一段，自然就被视为浪⑤了。要知道，在波浪铁律框架下，允许不同的数法并存。所以我们无法指证这个看法不正确，但出于种种考虑，我们没有选取这个方案。从这个阶段的证据来说，之所以我们做出图中这种数浪方案的选择，主要考虑的是一个调整浪的深度指导方针：调整浪——尤其当它们本身是浪 4 的时候，往往在先前小一浪级的浪 4 的运动区域内记录下它们的最大回撤，大多数情况下，是在其终点的水平附近。尽管 325.89 点比照前面的 386.85 点击穿了 10% 以上，但仍可视同这一方针的指导是成立的。

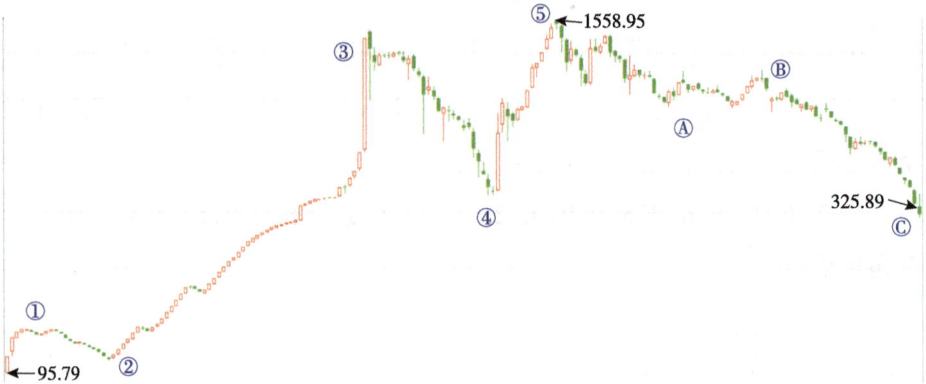

图 2-3 上证指数的首次八浪循环结构

其次是 386.85 点至 1558.95 点这个上升段落的定性。一般看来，这是一个三浪结构的上升，所以导致了这时浪④尚未结束的判断出现，但事实上，1558.95 点并非正规顶部，其后出现了衰竭，或者说失败的浪 5，其正规顶部是在 1993 年 4 月底出现的 1392.62 点。这样我们就不必把 1558.95 点至 325.89 点这段下行勉强视为五浪下行结构，或者不得不将 1429.01 点之后的这个段落归类为双重三浪结构，虽然波浪理论给予了这种方便。

图 2-4 中上证指数日线最初的这段上升与下降，由于年代稍久，没有很多细节可以推究，但整体考虑，135.19 点这个位置可以视为浪 b 的新高，之后都看成浪 c 即可。浪 2 位置，即 135.19 点之后的下行段，也属于较深的回调。

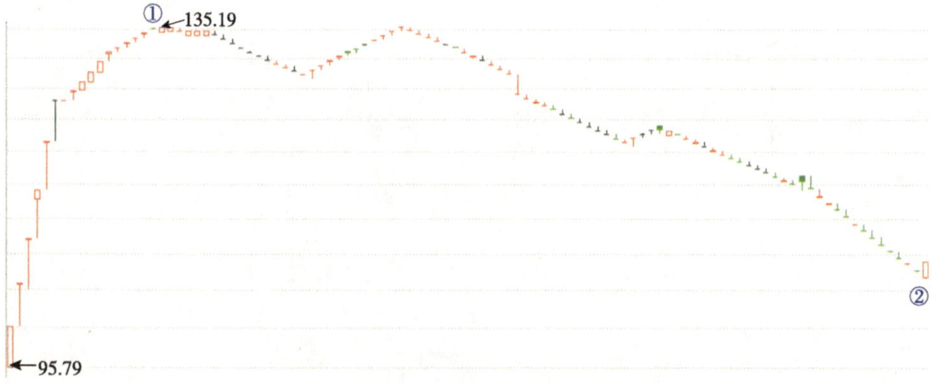

图 2-4　上证指数日线最初上升与回调段落

图 2-5 中 104.29 点至 1429.01 点这段大浪级浪③上升过程中，出现了浪（3）和浪（5）同时延长。在浪（4）位置及浪（5）-2 位置为随后的调整提供了目标或者说支撑。这也是波浪构造的指导方针之一：浪 5 延长后市场行为所指出的情况。

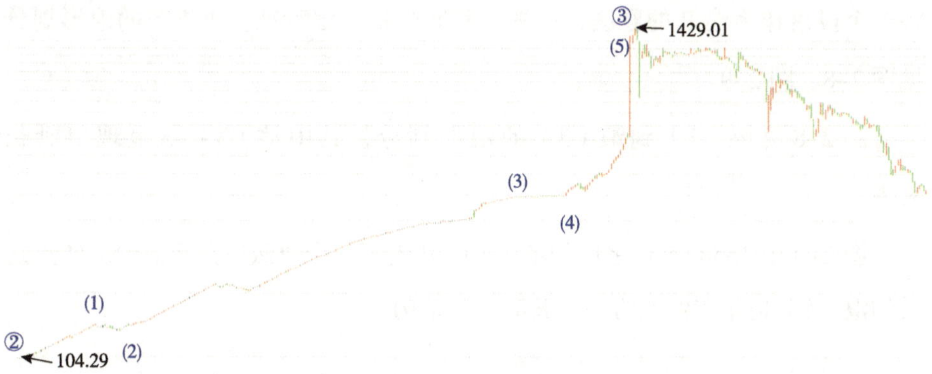

图 2-5　上证指数日线 104.29 点至 1429.01 点大浪级浪③上升过程

图2–6中1429.01点至386.85点这段浪④可以细分为三浪结构的平台形调整浪，其中浪（A）需要进一步再细分为一个三浪结构的平台形调整浪，浪（B）为顺势平台形调整浪。我们需要注意的问题是，当无法确定走势细节，仅仅从外观确定浪形，例如将日线转换为月线时，观感有可能与我们确定的细节有所不同，这是一个常见的情况。

图2–6　上证指数日线1429.01点至386.85点浪④调整过程

图2–7中386.85点至1558.95点这个上升段落充满争议，我们的看法是1392.62点，即图中（5）位置，是正规顶部，而1558.95点是浪（3）的高点。将这个段落作为浪B的看法，忽视了其间的推动浪特征。更细节的浪形划分见图2–8、图2–9。

图2–8为浪（1）到浪（3）的浪形划分，其中浪（3）–3呈现出延长表现。

图2–9中1558.95点之后的浪（4）–B走了一个收敛三角形。913.74点之后的浪（5）是非常标准的一个五浪上升结构。

图 2-7 上证指数日线 386.85 点后上升五浪结构

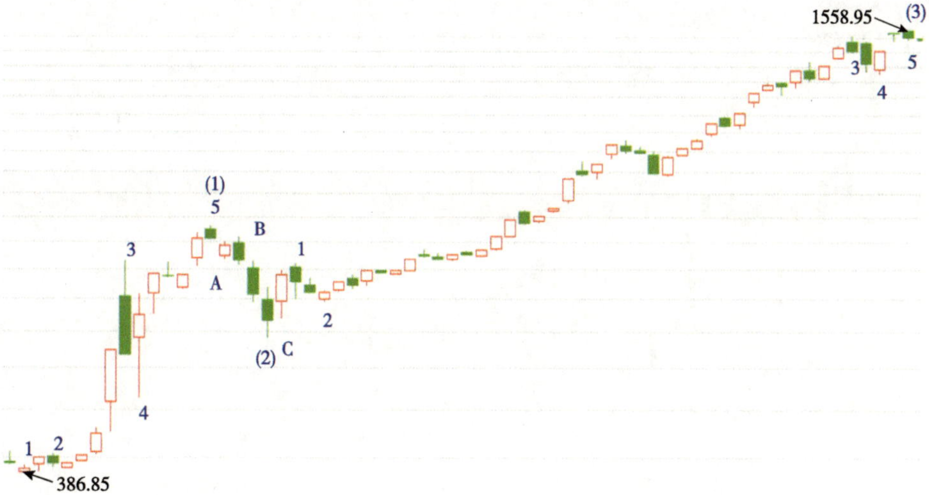

图 2-8 上证指数日线 386.85 点至 1558.95 点浪形细分

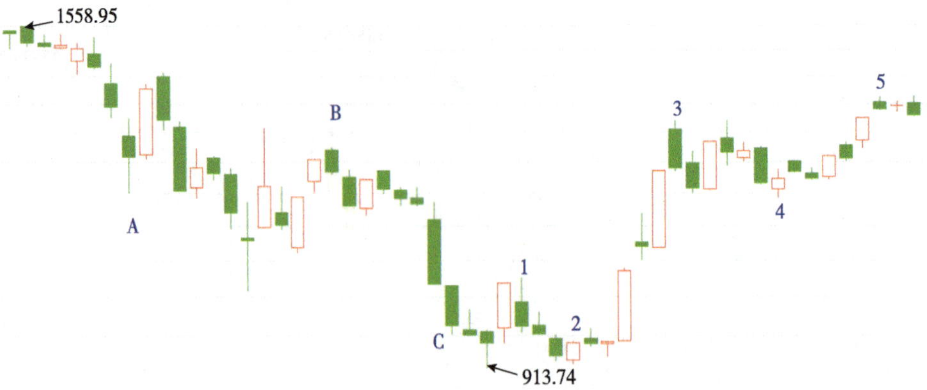

图 2-9　上证指数日线 1558.95 点之后的浪（4）-b 与浪（5）

图 2-10 中 1392.62 点至 777.73 点这一段调整，是三浪下行调整浪的浪 A。三浪结构的调整浪，按一般标准而言应该是平台形。图中这种浪形划分，从浪形细节确定来说也没有什么不对，但就是很难归类到波浪理论已经成形的模式当中。所以，如果严格按照波浪理论的要求来划分，应该划定为双重锯齿形调整浪，如图 2-11 所示。

图 2-10　上证指数日线 1392.62 点至 777.73 点下行调整浪 A

图 2-11　图 2-10 中下行调整段落按双重锯齿形调整浪计数

如果仅仅从外观上考虑接下来这个三浪反弹，为考虑更大一级波浪，采用图 2-12 来进行浪形的细分已经算可以了，但如果我们提高对自己的要求，还是可以更进一步地确定最合理的浪形分布。

图 2-12　上证指数日线 777.73 点后三浪反弹的波浪计数

图 2-13 我们只挪动了浪 B-A 的位置，这时我们是把浪 B-A 作为一个三重锯齿形调整浪来看待的，因为上图的浪 B-B，我们只能按双重三浪去解释，

显得稍微有些牵强。不过，在更大级别的图上，如果没有这么多细节，也不用如此精确地划分。

图 2-13 上证指数日线 777.73 点后三浪反弹的另一种波浪计数

在浪ⓒ段下行，1044.85 点至 325.89 点这个段落中，仅仅简单地进行如图 2-14 所示的划分，从大的级别看并无疑问。但从具体细节的划分看，仍需考究。

图 2-14 上证指数日线 1044.85 点至 325.89 点下行调整段落简单波浪计数

实际上我们对这个五浪下行的波浪段落应该采用如图 2-15 所示的方式进行标示。其中浪 1 和浪 2 的具体浪形细分如图 2-16 所示。

图 2–15　上证指数日线 1044.85 点至 325.89 点下行调整段落精确波浪计数

图 2–16　上证指数日线 1044.85 点后浪 1 与浪 2 的浪形细分

我们可以看到浪 A 反弹的位置貌似恰好在前面下行浪 5–2 的位置结束，应该说明了浪 5 延长后的市场行为具备指导意义。浪 C 的反弹中五浪结构应该也是清晰可辨的，这为图 2–16 中的数浪方式提供了有力的证据，在整个上证指数的运行过程中，这种短促的浪 C 多次出现在向下顺势调整浪的最后反弹段落。

这段浪 C 中的浪 3、浪 4、浪 5 细分如图 2–17 所示，其中浪 4 没有明确标示，大家可以简单看出。在浪 3 和浪 5 的运行过程中，等长和延长的表现都非常明显。如果说这段走势中浪形有确定存疑的地方，主要在浪 3–3 和浪 3–4 这个位置，我们再具体明确如图 2–17 所示。

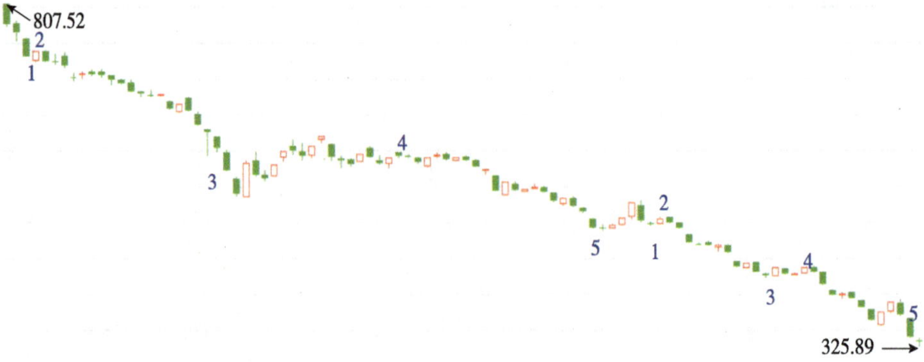

图 2-17　上证指数日线 807.52 点之后下行段落，浪 C 中的浪 3、浪 4、浪 5 细分

图 2-18 中为浪 3 的完整表现，需要注意的是浪 3-4 走出了收敛三角形调整浪，但比较特殊的是，三角形调整浪中浪 a 比其他子浪都要大，而且是一个顺势平台形调整浪。

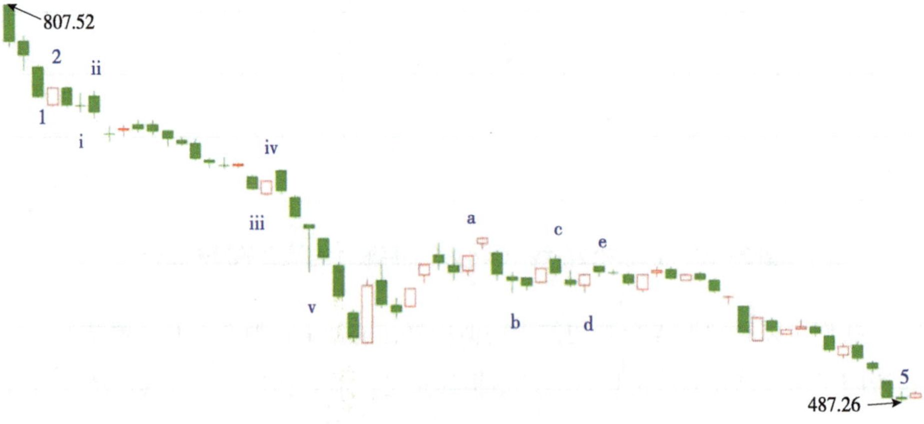

图 2-18　图 2-17 中浪 3 的完整细分计数

接下来从 325.89 点开始，上证指数开启了一段长达 7 年的上升行情，这个大浪级的上升段落相对复杂，其中的细分浪形更是充满争议。首先就是这个上升段落本身应该如何定义，前面我们曾经提过，有观点认为这是自 95.79 点以来上升阶段的浪 5，那么其中的细分浪形，必然是按照终结倾斜三角形结构 3-3-3-3-3 来考虑，而且其间走势的复杂多样性，也提供了这种数浪方

式的可行性。但我们是按照引导倾斜三角形结构 5–3–5–3–5 来考虑的（见图 2–19），同时给出了对艾略特所言浪 5 延长后市场结构具有合理性的证据支持。我们要考虑到，对于同一走势的两种看法，存在四种结果，即甲对乙错、甲错乙对、甲对乙对、甲错乙错，而并非简单地仅仅存在前两种可能性。基于这种考虑，我们展开讨论的目的在于丰富自己的思路，而并非简单地进行评判。

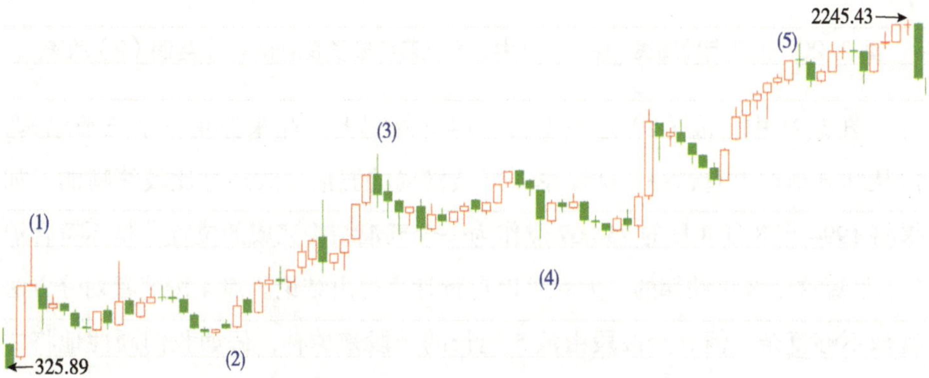

图 2–19　上证指数月线 325.89 点至 2245.43 点上升五浪计数

大浪级波段的细分子浪是中浪，而中浪是波段走势的最大级别，从中浪开始，百分比关系可以简化为点数关系。

图 2–20 为细分子浪中浪（1）与浪（2）段落，之所以会有观点认为这会是一个终结倾斜三角形的浪 5，是因为看起来 325.89 点至 1052.94 点这个段落好像是一个三浪结构，而且之后的 512.83 点至 1510.17 点的细分结构如此复杂，因此怎么看都似乎是可以的，再加上 2245.43 点见顶前浪形性质也存在争议，因此，想要定性这 7 年来走势是难上加难的，也许当后面整个走势全面呈现以后，我们有机会确认，但有时候也可能始终都没有完整的证据来定性。当然，这不影响接下来的阶段性的走势判定。重要的是波浪，而不是绝对精确。笔者在此仅提供一种自认为相对可行的方案，而这种方案也并非排他的唯一。

图 2-20　上证指数周线，图 2-19 中上升五浪细分子浪中浪（1）与浪（2）段落

图 2-21 中，浪（1）这段上升，尽管外观上看起来像是一个三浪结构，但从细分结构上看，一个 2 简单 4 复杂格局的五浪模式还是比较清晰的。如果将 1994 年 8 月 8 日的 754.67 点作为一个五浪结构完成的位置，是不符合浪 3 不最短这个波浪铁律的，大家可以自行计算得出结论。浪 4 按笔者划分方法貌似不够复杂，但其余波段由浪 5 延长的波段来填补，假如我们硬性地将之后段落视为一个三角形也勉强可以，只是 1994 年 8 月 22—29 日这个段落看起来不太像三角形的组成部分。

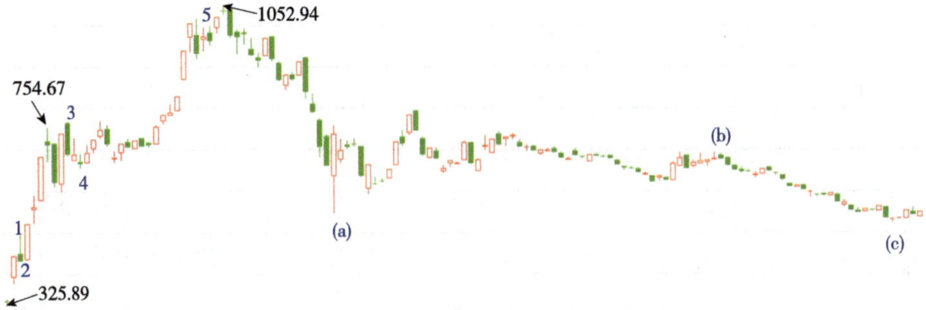

图 2-21　上证指数日线，图 2-20 段落中浪（1）与浪（2）-A 部分

浪（2）-A 是一个 5-3-5 结构的锯齿形调整浪，其中浪（2）-A-（b）是一个收敛平台形调整浪。如果将 1994 年 10 月 25 日的 794.85 点之后视为一个终结倾斜三角形，就不好解释浪（2）-A-（b）-c 这个结构，以及

之后较为明显的五浪结构，假如使用周线图等无法明显看出细分结构的图形，将其视为终结倾斜三角形的浪（c）也不算合理，因为这时定义中的浪3最短。只是，尽管违反了波浪铁律，硬是这么看，结果也可以把握住波段转折，很多时候，错误的看法未必得出错误的结果，而正确的看法未必得出正确的结果，所以波浪理论也很无奈地指出，不要过分强调浪形划分的精确程度。

浪（2）-A 的细分结构如图 2-22 所示，其中的浪（a）的五浪结构中，浪 ii 为顺势平台形调整浪，而浪 v 明显出现了延长，提供了在浪 1 与浪 3 等长的情况下，浪 5 延长的案例。而浪（c）的五浪结构中，呈现了浪 3 的延长。

图 2-22　上证指数日线，图 2-20 段落中浪（2）-A 的细分结构

图 2-22 中浪（b）的细分结构还有另外一种可能性，就是收敛三角形的浪 B。如图 2-23 所示，这种划分的缺憾是 b-b-e 段显得有些不匹配。

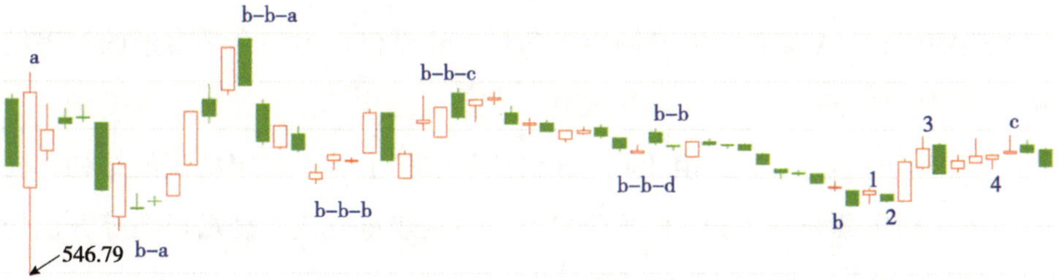

图 2-23　上证指数日线，图 2-22 中浪（b）的另一种细分结构

图 2-23 中，浪 c 段存在明显的五浪结构，所以让我们确信这必然是浪 C。

浪 c-4 是一个收敛平台形调整浪，浪 c-5 尽管非常短小，但以明确的新高点为证明。

图 2-24 中，将浪 B 段划分为一个收敛三角形，在这里，也可以有另外一种考虑，就是把 926.41 点这个位置设定为浪 B 顶点，把整个浪（2）视为双重三浪模式。这是允许的，我们已经说过，在调整浪类型中，设定双重三浪和三重三浪，可以视为一种简便方法，但笔者试图维护浪 C 作为五浪结构的尊严，在尽可能的情况下，不首先考虑双重三浪或者三重三浪的构思。这无疑给自己增加了难度，因为调整浪本身的特点就是复杂，而且在实操中，这种执着其实也没有太大的意义，仅仅作为一种思想体操而已。

图 2-24　上证指数日线，浪（2）- B 段的收敛三角形

图 2-25 中，在这个三角形调整浪中的浪（a）稍微复杂一些，其中主要问题是浪（a）-A-a 属于引导倾斜三角形，还是仅仅为一个平台形的三浪结构。按照能划分成五浪结构就优先划分成五浪结构的指导原则，我们选择了引导倾斜三角形的方式。浪（a）-B 仅从日线图上难以确定精确的结构，同时也无法确定其与浪（a）-C 的分界点，但从双重三浪、衰竭形态等方面均可以解释通顺，因此也不必过于纠结。

图 2-25 上证指数日线，三角形调整浪中的浪（a）与浪（b）

浪（b）中，只要把其中的浪 b 搞清楚，确定为收敛平台形调整浪，后面的浪 C 的五浪结构也是很明显的。浪 a 虽然看不清楚，但从态势上看，整体浪（b）为锯齿形调整浪的可能性较大。

图 2-26 上证指数日线，三角形调整浪中的浪（c）、浪（d）和浪（e）

如图 2-26 所示，三角形调整浪中的浪（c）、浪（d）和浪（e）的三浪结构相对不太清晰，特别是浪（d）和浪（e），浪（d）可以简单地视为锯齿形调整浪，浪（e）其实未必如图 2-26 中所标示，也可能属于平台形调整浪中的浪 c 出现延长的结构。如果从双重三浪的视角看，浪（c）结束后，就应该基本上视同进入了后面的浪 C 下行段落，如图 2-27 所示。

图 2-28 中，浪（c）可以进一步细分为三浪结构，其中浪（c）-b 是一个顺势平台形调整浪，浪（c）-b-b 创出了新高，并与后面的浪（c）-c 构成了

一个类似双头的形态。

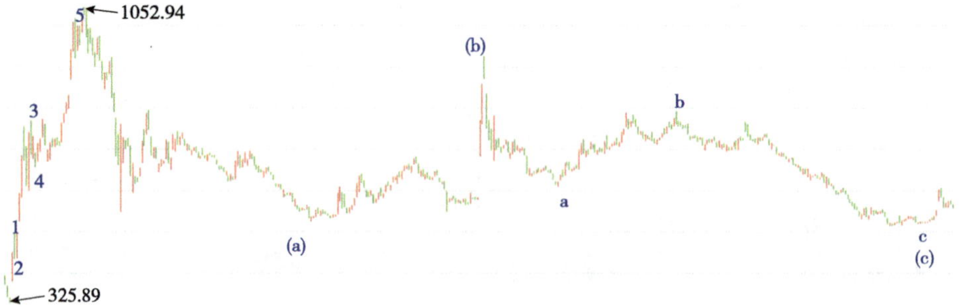

图 2-27 上证指数日线，浪（2）的双重三浪考虑

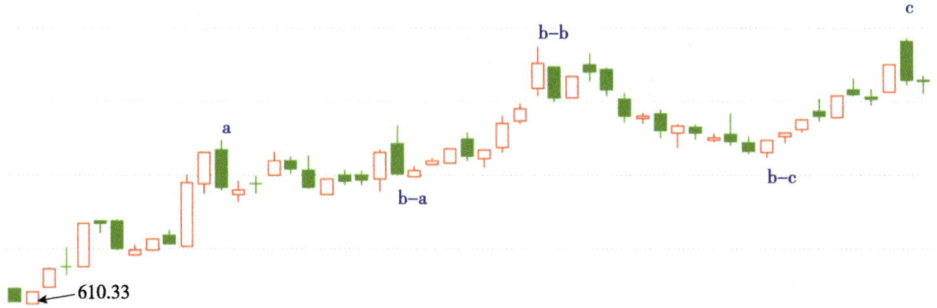

图 2-28 图 2-27 中浪（c）-b 的细分结构

图 2-29 中，浪 C 段属于典型的 2 简单 4 复杂、浪 3 走出延长的表现，浪 4 是顺势三角形调整浪，而且浪 5 是典型的失败浪，这给研判带来了一定的困扰，连同随后上升行情的复杂走势，引发了诸多争议。

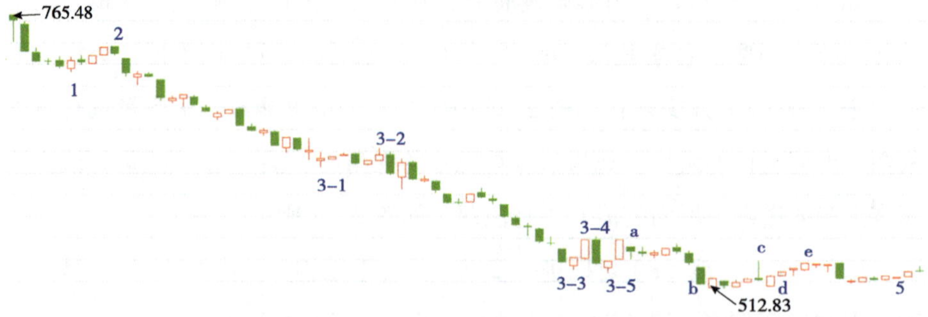

图 2-29 图 2-27 中浪（c）-c 的细分结构

我们来看图 2-30 中 518.18 点至 1510.17 点这一段非常难以准确定义的波段。

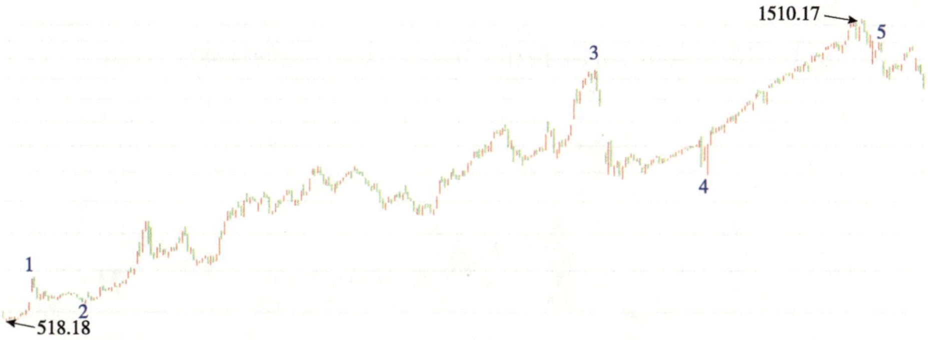

图 2-30 上证指数日线 518.18 点至 1510.17 点上升段落的简单波浪计数

我们本着先易后难的原则，先确定 870.18 点至 1510.17 点这一上升段落为浪 5，然后把初始上升段落 518.18（实际应为 521.11）点至 606.51 点确定为浪 1，最后把 549.71 点至 1258.68 点确定为浪 3。

325.89 点至 2245.43 点这个上升段落，存在多种数浪的可能性，因此，对于这一段落的定性存在较大争议。一般来说，争议的主要焦点在于，这是一个终结倾斜三角形还是一个引导倾斜三角形。如果是一个终结倾斜三角形，那它必然作为浪 5 而存在，则前面 1429.01 点至 325.89 点这个区间整体应视为浪 4 区域；如果作为引导倾斜三角形，则前面的 1558.95 点已经完成了一个五浪上升结构。我们无法排除前一种思路，之所以会选择按照引导倾斜三角形来细分数浪，是因为如果按照引导倾斜三角形的方案来看，无论是前面 1558.95 点至 325.89 点这段调整浪，还是后面的 2245.43 点至 998.23 点这段调整浪，基本上都是以前浪浪 4 区间作为调整目标的。尽管这个逻辑仅仅是作为波浪指导方针而不是波浪铁律存在，但按这样来安排浪形的结果是，不仅两段五浪结构之后的调整浪完全符合指导方针，还避免了 325.89 点至 2245.43 点作为浪 5、导致随后的调整浪调整幅度远小于预期的问题。另外，从量度和时间上看，也都有类似的论据支持引导倾斜三角形的看法。所以这里细分结构的浪形确定是在大框架确定之后才推导出来的，当然，这也意味着在价格行进的当时，其实根本没有办法立即确定浪形，因此这些讨论有一种事后诸葛亮的味道。

图 2-31 中浪 1 与浪 2 的结构相对清晰，这是典型的推动浪表现。

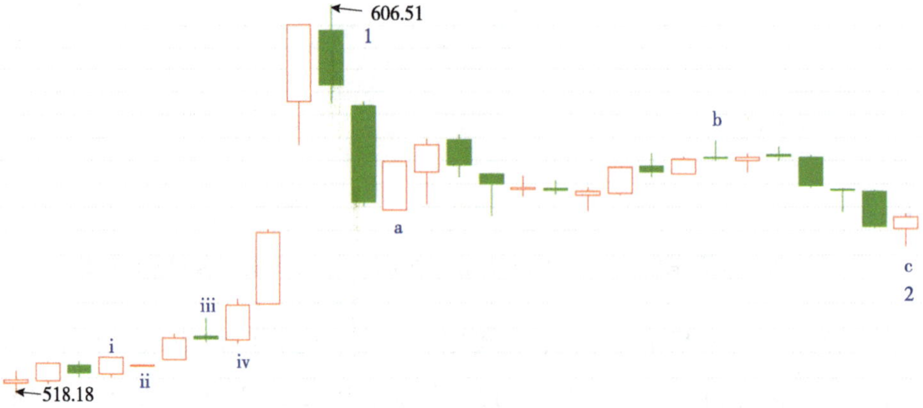

图 2-31　上证指数日线 518.18 点之后浪 1 与浪 2 的细分结构

图 2-32 中，浪 3 究竟结束在 1038.81 点还是 1258.68 点，也是一个非常纠结的问题。这些细节问题，虽然不影响大框架的明确，但细分浪形须力求合理。如果放在 1038.81 点这个地方，笔者认为浪 4 就过于复杂了，双重三浪中搞出浪 b 的新高，我们还缺乏足够多的例证。

图 2-32　上证指数日线 518.18 点之后浪 3 与浪 4 的简单波浪计数

其中浪 3–1 与浪 3–2 结构相对简单（见图 2–33）。

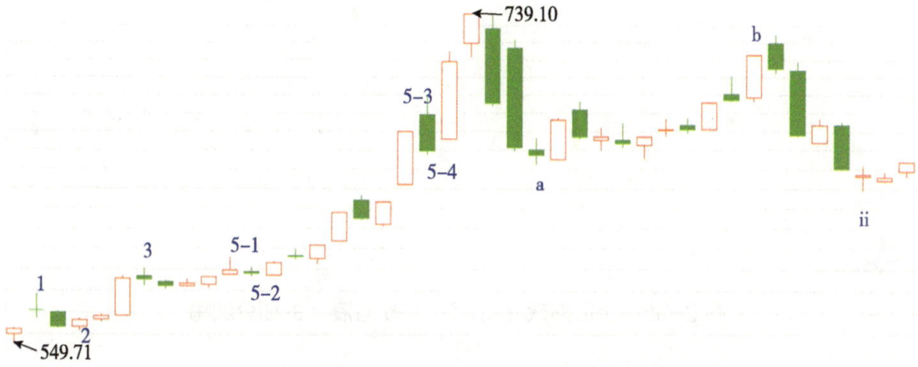

图 2–33　上证指数日线，浪 3–1 与浪 3–2 的细分结构

浪 3–3 与浪 3–4 相对复杂一些，但整体也较为清晰（见图 2–34）。

图 2–34　上证指数日线，浪 3–3 与浪 3–4 的细分结构

浪 3–5 与浪 4 显得更复杂一些，浪 3–5 这个段落的争议也很大，因为作为终结倾斜三角形看待 325.89 点至 2245.43 点段落时，这个位置通常视为浪 B。按浪 3–5 看待时，这里的走势可以解释为 2 简单 4 复杂的交替模式。从成交量水平来看，作为浪 B 来看时，整个段落的成交量水平过大了，因而视为推动浪过程的看法可能更合适一些。

浪 4 段落没有什么更合理的解释，只能作为一个双重三浪来考虑了（见图 2–35）。

图 2-35　上证指数日线，浪 3-5 与浪 4 的细分结构

其中浪 3-5-3 段细分浪形如图 2-36 所示。

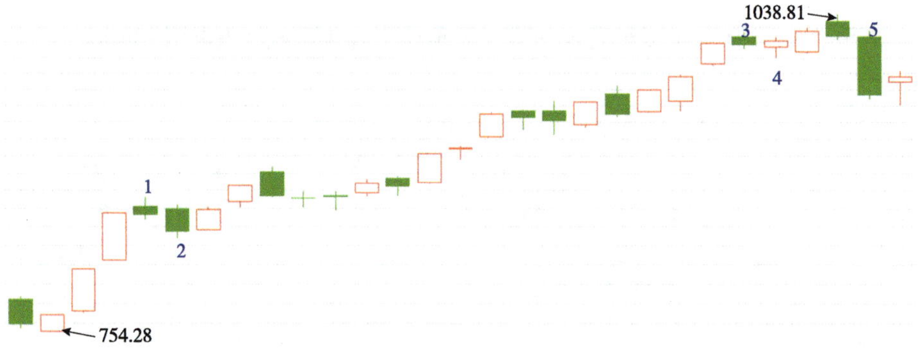

图 2-36　上证指数日线，浪 3-5-3 段细分结构

浪 5 的浪形划分也比较简单，其中浪 5-3 出现了延长走势（见图 2-37）。

图 2-37　上证指数日线，浪 5 段细分结构

接下来的浪（4）结构，我们最终选取了如图 2-38 所示的方案。

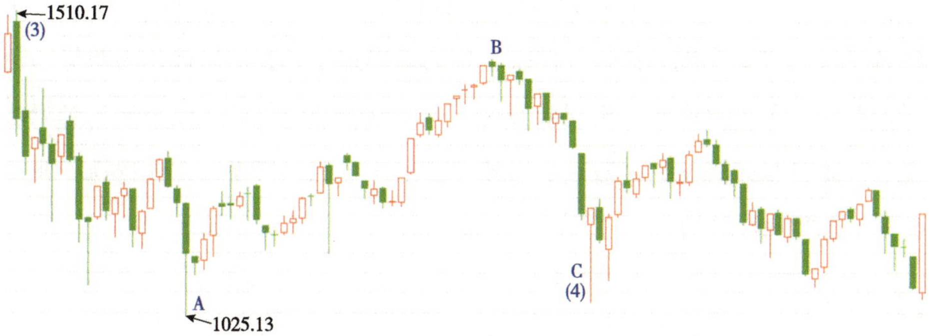

图 2-38　上证指数日线，浪（4）的简单波浪计数

之所以选择了这个方案，是出于综合的考虑。一方面是 1043.02 点至 1300.15 点这一段，能划分成五浪结构就一定划分成五浪结构。由此我们排除了 1025.13 点之后，浪 B 可能是一个三角形结构这样一种可能性。另一方面是随后的浪 5 中的浪 5 出现了延长，那么按照艾略特指出的浪 5 延长后表现，会有一个浪 B 反弹的新高点，这样就可以解释 2245.43 点的由来。

浪（4）-A 的常规划分如图 2-39 所示。我们经常说，对于月线图或周线图等，在无法观察细节时，这样的划分无可厚非。但其实在日线图上，太多的双重三浪模式，也许在提示有另外的可能性。

图 2-39　上证指数日线，浪（4）-A 的简单波浪计数

此处的小波段运行基本上都是按照三浪模式展开，那么就应该存在着三角形调整浪的可能性，图2-40提供了这种浪形划分思路。浪B-（b）以三角形调整浪的方式出现，但这种模式出现的概率过小，我们发现作为顺势三角形调整浪，是否允许随后出现新低是一个非常新颖的课题，以至于笔者无法通过样本数量来确定这种看法的必然性。出于稳健的考虑，在此选择了非常普通的双重三浪结构。

图2-40　上证指数日线，浪（4）-B-（b）为三角形的考虑

在浪（a）中细节划分可能性有两种，一种如图2-41所示；另一种是把浪（a）视为双重锯齿形调整浪，如图2-42所示。

图2-41　上证指数日线，浪（a）的第一种细分结构

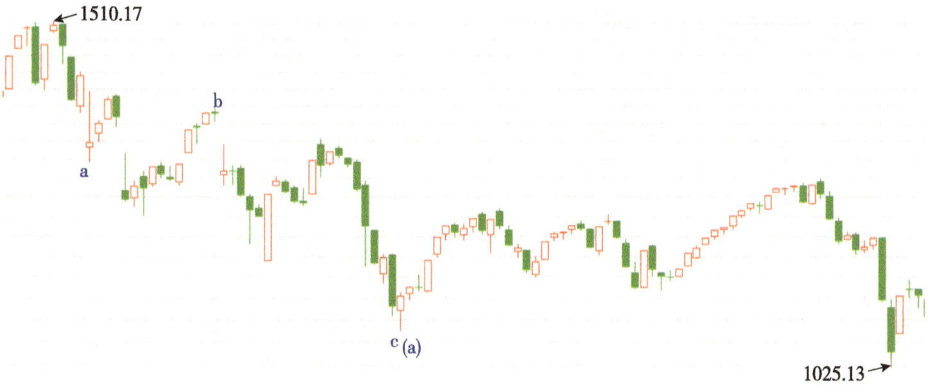

图 2-42　上证指数日线，浪（a）的第二种细分结构

甚至可以考虑把整个浪 A 都视为三重锯齿形调整浪，如图 2-43 所示。

图 2-43　浪 A 的另一种细分结构

图 2-44 中，浪 B 可以划分成一个锯齿形调整浪，其中的浪（a）与浪（c）相对容易划出细分结构，但是浪（b）不容易明确。不过，一个双重三浪可以解释所有细分结构不够清晰的复杂调整浪。因而，简单直观地认为就是个 abc 调整浪就可以了。

浪 C 段下跌基本上找不到划分成五浪结构的可能性，只能继续考虑双重三浪这个大一统的解决方案。这也是为什么会有将整个整理区域看成是一个三角形浪 B 的看法。因为整个外形相似，而且内部结构在浪 C 的位置出现三浪模式。我们的处理方式是把它看成一个双重锯齿形调整浪，同时视浪（b）

为三角形调整浪，如图 2–45 所示。

图 2–44　上证指数日线，浪 B 的细分结构

图 2–45　上证指数日线，浪 C 的细分结构

图 2–46 中，浪（5）在我们的细分结构中到达 2114.52 点后结束，后面的运行结构留给了调整浪。1043.02 点至 2114.52 点这段上升，在周线图上看就是一段非常清晰的五浪上升结构，其中浪 5 出现了延长。

图 2–46　上证指数日线，浪（5）的简单波浪计数

其中浪 1 与浪 2 的结构在日线图上比较清晰（见图 2–47）。

图 2–47　上证指数日线，浪（5）中浪 1 与浪 2 的细分结构

局部的进一步细分也相对明确（见图 2–48）。

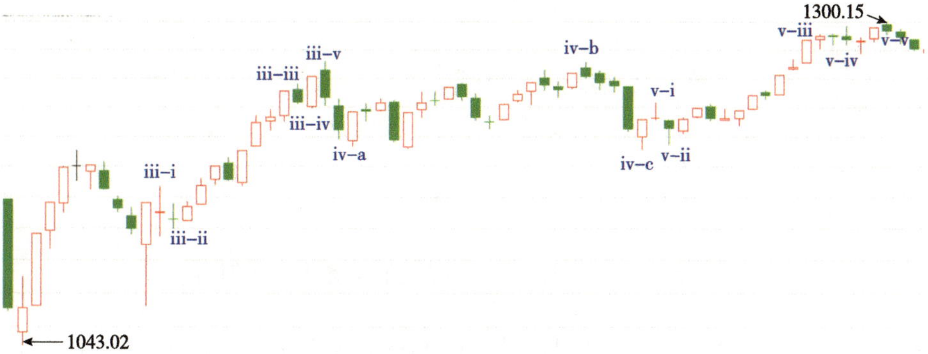

图 2–48　上证指数日线，浪 1 进一步细分的结构

图 2-48 中，浪 1 中除了浪 1-i 无法细分，浪 1-iii 与浪 1-v 都有明显的细分余地。浪 1-iv 的平台形调整浪模式也相对简单。

图 2-49 中，浪 2 定义为锯齿形调整浪，浪 2-b 为扩散形调整浪。浪 2-c 中存在浪 2 简单浪 4 复杂的交替表现。

图 2-49 上证指数日线，浪 2 进一步细分的结构

图2-50中，浪3与浪4这个区间也相对有特点，首先是浪3这里的浪3-iii和浪 3-v 都出现了延长。

图 2-50 上证指数日线，浪 3 与浪 4 的简单波浪计数

浪 4 是一个典型的平台形调整浪，即 1756.18 点开始的下行段，其中浪 a 和浪 b 均为锯齿形调整浪，而且有意思的是，其中的浪 b 均为三角形调整浪。浪 c

的五浪结构中，又出现了非常明显的浪 2 简单浪 4 复杂的交替表现，如图 2–51 所示。

图 2–51　上证指数日线，浪 4 的细分结构

图 2–52 中，浪 5 是一个延长浪走势，浪 5–5 出现了延长，因此我们把后面的走势归结为浪 5 延长后的表现。

图 2–52　上证指数日线，浪 5 的细分结构

接下来的调整走势是一个简单逻辑的三浪模式，但出于对细节的考量，划分节点跟拐点有所不同。我们一直在说，对更大一级的浪形原本没有必要划分得如此精确，但从思路拓展和学术探讨角度考虑，我们仍尝试按照自身理解的最精确程度进行刻画。

按笔者思路，图 2–53 这个三浪模式属于一个平台形调整浪，浪（A）实际上开始于 2114.52 点，即图中标记（5）的上影线位置，然后向上反弹新高，这个反弹新高即是普莱切特所谓艾略特“不严密地交代了他有关延长浪的发生和延长浪后的市场行为的某些发现”。之后再下行，完成浪（A），然后再走个平台形的向上调整浪（B），之后的浪（C）是一个终结倾斜三角形，结束位置是1004.66点，即图中998.23点之后二次回调的低点。

图2-53 上证指数日线，浪②的简单波浪计数

浪（A）的细分结构如图2-54所示。

图2-54 上证指数日线，浪（A）的细分结构

这里浪（A）呈现出一个特点，就是浪A的持续时间和幅度，明显大过了浪B和浪C，显得有些不匹配，但其实就算按其他数浪方法，从2245.43点之后计算，浪A一样也是延长的表现。

我们先来看浪A-（a）的情况。这里浪A-（a）我们是看作了一个锯齿形调整浪，其中浪A-（a）-b比较难定义，我们最终将其确定为一个顺势平台形调整浪，尽管其振幅比较大，但仍符合调整浪提供净回撤的要求。

图 2-55 中，浪（b）也是一个 5-3-5 结构的锯齿形调整浪。其中浪（b）-a 出现了浪 5 延长。浪（b）-a-ii 属于顺势平台形调整浪。浪（b）-a-v 延长，这里也许又一次出现了浪 5 延长后的表现。

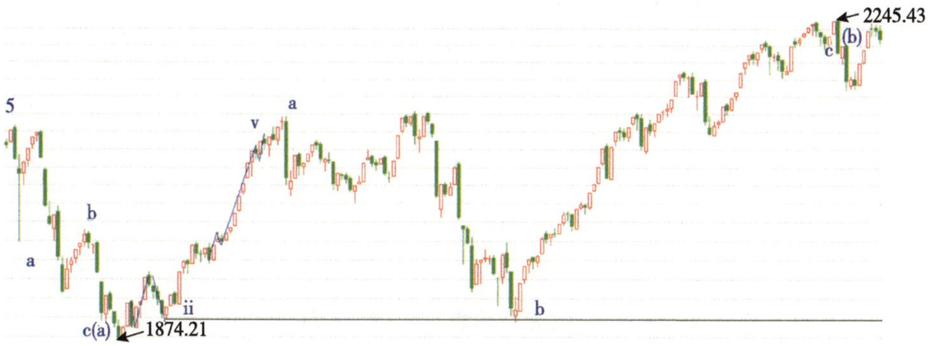

图 2-55 上证指数日线，浪 A-（a）的细分结构

图 2-56 中，浪（b）-b 属于扩散平台形调整浪，浪（b）-b-c-iii 出现延长走势。浪（b）-b-c-iv 为扩散平台形调整浪。

图 2-56 上证指数日线，浪（b）-b 与浪（b）-c 的细分结构

浪（b）-c 又是一个 2 简单 4 复杂模式的 5 浪上升结构，浪（b）-c-v 为终结倾斜三角形的浪 5。

图 2-57 中，浪（c）也走出 2 简单 4 复杂的模式，浪 3 相对复杂，其中

浪 iii–1–iv 为三角形调整浪。

图 2–57　上证指数日线，浪（c）的细分结构

图 2–58 中浪 B 仍为 5–3–5 结构的锯齿形调整浪，浪 B–（c）–v 出现了失败浪 5。

图 2–58　上证指数日线，浪 B 的细分结构

浪 C 中也出现了延长表现，具体浪形划分如图 2–59 所示。

这个位置还有两种相对具有代表性的其他思路，我们来简单探讨一下。一种是图 2–60 这种将最后下跌段让到后面，作为扩散平台形调整浪一部分的考虑，这个数法的好处是 2002 年 12 月的整理段落结构更容易解释，但浪 i 的细分结构不是很好处理。

图 2–59　上证指数日线，浪 C 的细分结构

图 2–60　上证指数日线，浪 C 的第二种细分结构

另一种考虑，是图 2–61 中把浪 B 结束的位置移到 2002 年 8 月 23 日的 1696.28 点，后面作为浪 C。这时，1696.28 点即图中标为 B 的位置，作为浪 B 完成点，视为失败的浪 5。这个看法也是符合铁律的，只是，整个波浪段落的外形比较诡异，不太符合波浪指导方针中有关正确外表的要求。

图 2–62 中为浪（B）反弹，从上证指数周线简单来看，就是一个扩散平台形调整浪。其中浪 A 和浪 B 都可以看成一个锯齿形调整浪，但如果从细分结构分析，其实不然，具体的数浪方式参见后续分析。

图 2-61　上证指数日线，浪 C 的第三种细分结构

图 2-62　上证指数周线，浪（B）反弹的简单波浪计数

图 2-63 中，我们首先看一下浪 A 与浪 B 的进一步细分框架，实际上 1649.60 点并非浪 A 结束的高点，而是浪 B-（b）-a 结束的位置。

图 2-63　上证指数日线，浪 A 与浪 B 的简单波浪计数

图 2-64 中，浪 A 是一个标准的五浪上升结构，浪 B-（a）是一个扩散平台形调整浪，浪 B-（b）是一个比较明确的三角形调整浪，每个子浪都清晰地呈现三浪结构。

图 2-64　上证指数日线，浪 A 与浪 B 的细分结构

如图 2-65 所示，浪 B-（c）段是一个常规的五浪下行结构，浪 3 延长，2 简单 4 复杂。

图 2-65　上证指数日线，浪 B-（c）的细分结构

如图 2-66 所示，浪 C 段反弹走出明确的五浪上升结构，让人感觉是新的上升浪开始了，但其实成交量水平明显下降，暗示这仅仅是一段浪 C。其中浪 i 属于浪 1 延长模式，浪 ii 看起来是双重三浪，但其实也可能它中间的浪 b 是个三角形调整浪。浪 iii-v 出现延长，浪 v 尽管上升角度平缓，但仍严谨地

符合五浪结构的要求。

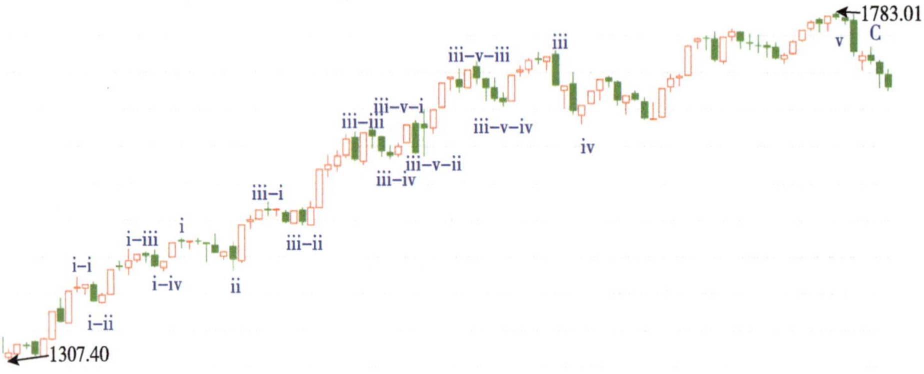

图 2–66　上证指数日线，浪 C 段反弹的细分结构

如图 2–67 所示，接下来的浪（C）是一个终结倾斜三角形，内部结构呈现标准的 3–3–3–3–3 模式，其结束的位置在 2005 年 7 月 19 日的 1004.66 点。

图 2–67　上证指数日线，浪（C）的终结倾斜三角形结构

如图 2–68 所示，浪（C）–1 必须是一个 5–3–5 结构的三浪结构，这样才能符合驱动浪的基本定义，但这里的细分结构并不清晰。浪（C）–2 可以视为一个扩散平台形调整浪。

图 2-68　上证指数日线，浪（C）-1 与浪（C）-2 的细分结构

图 2-69 中，浪（C）-3 仍然是 5-3-5 结构，浪（C）-4 为顺势平台形调整浪，细分结构清晰标准。浪（C）-5 出现了失败浪，而且出现在两个级别上，一个是 1004.08 点，高于 998.23 点，另一个是 1004.66 点，高于 1004.08 点。新的上升推动浪起点，应定义在 1004.66 点（图中标示为 5 的低点位置为 1004.66 点，其前面的低点位置为 1004.08 点）。

图 2-69　上证指数日线，浪（C）-3、浪（C）-4、浪（C）-5 的细分结构

图 2-70 中，自 1004.66 点后，上证指数进入典型的推动上升浪，直至

6124.04 点，我们使用对数图表能看得更清楚。其中浪 3 出现了延长，浪 4 是一个收敛平台形调整浪。

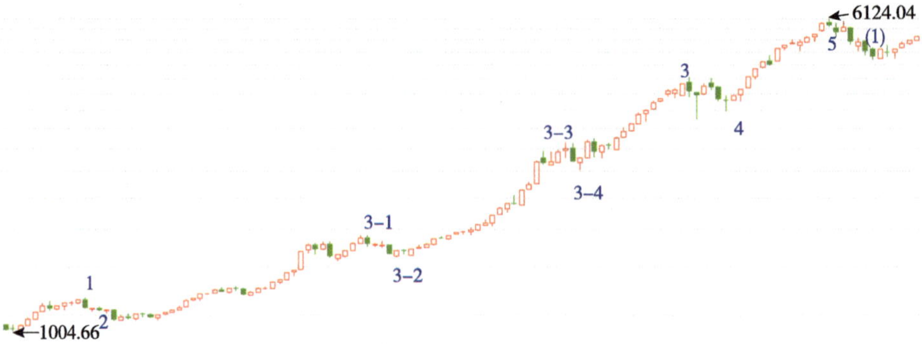

图 2-70　上证指数周线，1004.66 点至 6124.04 点的上升推动过程

图 2-71 中，浪 1 与浪 2 持续的时间和幅度相对较小，浪 1 中也出现了 2 简单 4 复杂的表现，浪 1-iv 应该是一个扩散平台形调整浪，也有可能是扩散三角形调整浪，浪 1-v 可以看成是一个终结倾斜三角形。浪 2 可以作为典型的锯齿形调整浪看待。

图 2-71　上证指数日线，浪 1 与浪 2 的细分结构

图 2-72 中，1067.41 点之后，这个主要出现在 2005 年 11 月的小平台，到底应该算作浪 2 的一部分还是浪 3-1 的开始段落，很不好确定，笔者最终将其归到了浪 3-1 中。

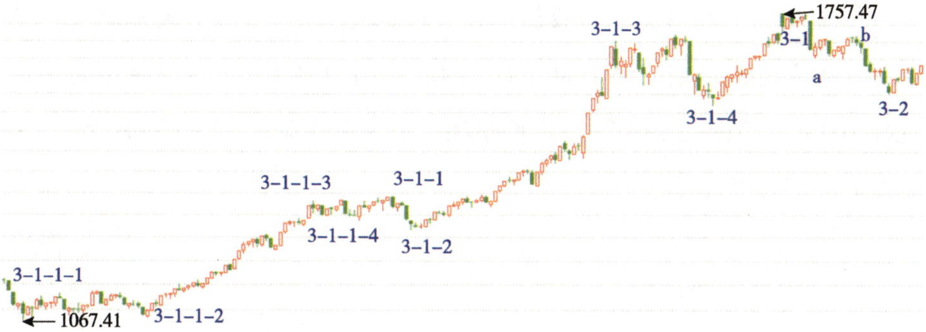

图 2-72　上证指数日线，浪 3-1 的细分结构

图 2-73 中，浪 3-3 持续上行，选取调整时间和幅度相对较大的位置作为调整浪。

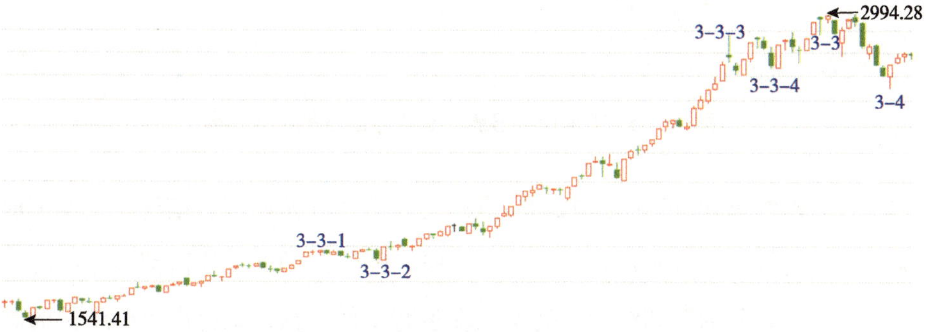

图 2-73　上证指数日线，浪 3-3 与浪 3-4 的细分结构

图 2-74 中，浪 3-5 中浪 1 与浪 5 等长，浪 3 出现了延长。

图 2-74　上证指数日线，浪 3-5 的细分结构

图 2–75 中，浪 4 是一个收敛平台形调整浪，浪 4–b 中，从 3404.15 点开始的反弹上升段，细分结构为五浪，因此我们把浪 4–a 定在现在的位置上，这样浪 4–b 就是一个扩散平台形调整浪。浪 5 中的浪 3 和浪 5 同时延长，各自的五浪结构相当清晰。

图 2–75　上证指数日线，浪 4 与浪 5 的细分结构

上证指数 2007 年见到 6124.04 点历史高点后开始的调整结构，到本书成稿时仍在运行中。普莱切特曾指出，一段已经结束的波浪段落都未必能够得出有关浪形划分的确切结论，何况正在运行中的行情，想得出正确结论的难度可想而知。不过，任何一个波浪理论研究人员都会为此孜孜以求，笔者也不例外，欲尝试用所学勉力勾画一番。

6124.04 点之后，市场进入调整浪，这一点是确定无疑的，而如果我们把 998.23 点至 6124.04 点视为新推动浪的浪 1，则浪 2 应该预计为三浪结构，因此可以将 6124.04 点至 1664.93 点视为这个三浪调整结构中的浪 A。如图 2–76 所示，在上证指数周线图上我们可以看到，浪 A 应属于 5–3–5 结构的锯齿形调整浪，其中浪 A–（b）为平台形调整浪，浪 A–（c）出现延长再延长。但实际上，在后面的浪 A–（c）细分结构划分中，具体数浪标识与本图有所区别。

图 2-76　上证指数周线，浪 A 的简单波浪计数

图 2-77 中，浪 A-（a）与浪 A-（b）结构相对较为简单。

图 2-77　上证指数日线，浪 A-（a）与浪 A-（b）的细分结构

图 2-78 中，上证指数日线图上的浪 A-（c）的延长细节与周线有所不同，但这个问题不会有什么大的影响，我们只用周线图分析就够了。

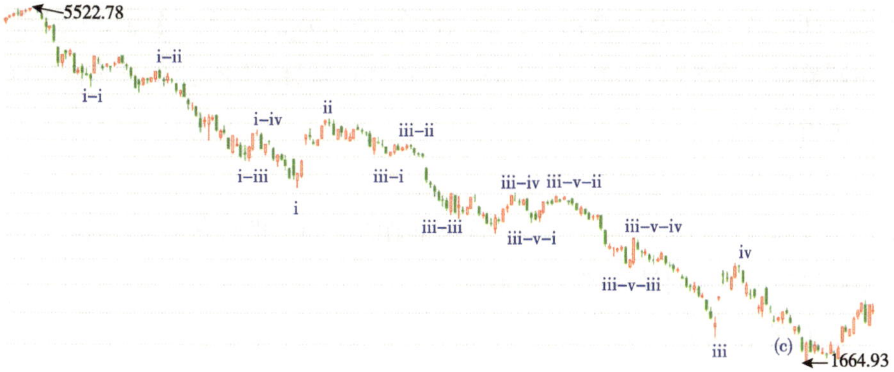

图 2-78　上证指数日线，浪 A-（c）的细分结构

自2008年10月的1664.93点，展开浪B反弹，对此市场争议不大，意见分歧产生在之后判断浪B何时结束。笔者的观点是，截至本书成稿，这个浪B反弹仍未结束。

图2-79中，浪B-ⓐ暂定义为一个引导倾斜三角形，但是否在引导倾斜三角形内部会出现延长浪，尤其是在浪5位置，因为在权威著作中未提及，所以会成为一个争议点。这里笔者按浪5延长来标示，则3478.01点这个位置的高点，就是艾略特所说的，浪5延长后的市场行为。浪B-ⓐ结束在2009年7月29日的3454.02点。

图2-79　上证指数日线，浪B-ⓐ的引导倾斜三角形细分结构

当浪B-ⓐ反弹结束后，接下来至目前的走势争议最大。主流观点认为，至2015年6月12日的5178.19点，上证指数已经完成了浪B反弹，此后进入了浪C段下行。如果这一看法成立，那么上证指数调整结束的位置通常应该设定在跌破1664.93点之后，至少应该在1849.65点附近。这也是一旦市场开始调整时，看跌到2000点或者1800点的呼声就会甚嚣尘上的技术性原因。

笔者认为，波浪理论的内容是客观的，因为它的主要任务是描述市场运行的发展阶段；据此推导出的论断是主观的，因为这个论断受制于做出推导的那个人对事物的认知水平。对于尚未完结的走势，我们完全可以各抒己见，从不同层次上丰富对波浪理论的研究。

我们的看法是，浪B截至目前仍在运行中，结束时间尚未到来，自3478.01点之后，上证指数正在运行的段落是浪B-ⓑ。这个浪B-ⓑ为三角形调整浪结构，目前运行到了浪 B-ⓑ-（d）阶段，而浪 B-ⓒ这个与浪 B-ⓐ对应的反弹上升段落，尚未开始，如图 2-80 所示。

图 2-80 上证指数月线，浪 B 截至目前的简单波浪计数

图 2-81 中，浪 B-ⓑ-（a）段调整浪为三浪结构，其中浪 B-ⓑ-（a）-b 为三角形调整浪。

图 2-81 上证指数日线，浪 B-ⓑ-（a）的简单波浪计数

图 2-82 中，浪 B-ⓑ-（a）-a 为扩散平台形调整浪，浪 a-c 延长。按照浪 5 延长后的市场行为，3478.01 点为浪 B-ⓑ-（a）-a-b 创新高；之后的浪 a-c 下行五浪中，2 简单 4 复杂，浪 5 失败，其中浪 4 又是一个平台形调整浪。

图 2-83 中，浪 B-ⓑ-（a）-b 为典型的三角形调整浪，其中浪 b-a 为锯齿形调整浪，浪 b-b 为平台形调整浪，浪 b-c 为扩散平台形调整浪，浪 b-d 和浪 b-e 也都是锯齿形调整浪。

图 2–82　上证指数日线，浪 B–ⓑ–（a）–a 的细分结构

图 2–83　上证指数日线，浪 B–ⓑ–（a）–b 的三角形简单波浪计数

图 2–84 中，浪 b–a 的锯齿形调整浪，反弹至 3361.39 点，为标准的 5–3–5 结构。浪 b–b 的平台形调整浪为整个三角形调整浪中最复杂的结构。

图 2–84　上证指数日线，浪 b–a 的细分结构

浪 b–b–a 也是一个平台形调整浪，其中浪 b–b–a–b 是一个顺势平台形调整浪，如图 2–85 所示。

图 2–85　上证指数日线，浪 b–b–a 的简单波浪计数

浪 b–b–b 是一个平台形调整浪，如图 2–86 所示，它被简单标识成了 b，而图中的浪 b–b 是其子浪。浪 b–b–b–c 就是图中从 b–b 到 b 的这个反弹段落，有可能是一个终结倾斜三角形，但因为没有细分结构的证据，所以只能说可能。浪 b–b–c 段就是图中的浪 C，结束位置提前到 2529.63 点，即图中标示为 C 的低点位置。其实不提前也是可以的，这么做主要是为了彰显后面的反弹浪，它是一个扩散平台形调整浪。

图 2–86　上证指数日线，浪 b–b 的简单波浪计数

图 2–87 中，浪 b–c 反弹被我们定义为扩散平台形调整浪，所以 2319.74

点是浪 b-c-b 创出的新低点，然后是浪 b-c-c 展开的五浪上升，其细分结构相当清晰。

图 2-87 上证指数日线，浪 b-c 的细分结构

图 2-88 中，浪 b-d 和浪 b-e 均为锯齿形调整浪，区别在于中间的调整浪结构不同，浪 b-d-b 为顺势平台形调整浪，而浪 b-e-b 则为典型的三角形调整浪。浪 b-e-c 应该是一个终结倾斜三角形。

图 2-88 上证指数日线，浪 b-d 和浪 b-e 的细分结构

图 2-89 中，浪 B-ⓑ-（a）-c 的五浪下行到什么位置结束，也是一个颇有争议的地方。笔者思量再三，选择了到 2132.63 点的这个方案。

图 2–89　上证指数日线，浪 B–ⓑ–（a）–c 的五浪下行细分结构

图 2–90 中，浪 B–ⓑ–（b）也是一个扩散平台形调整浪，它的特殊之处并不在于浪 B–ⓑ–（b）–a 是一个顺势平台形调整浪，而是浪 B–ⓑ–（b）–b 是一个九浪三角形，并且创出了新低，这让很多人确信 5178.19 点这一轮的上升是五浪结构，因而将其标定为浪 B–c。

图 2–90　上证指数日线，浪 B–ⓑ–（b）的简单波浪计数

图 2–91 中，浪 B–ⓑ–（b）–a 的外形是典型的顺势平台形调整浪，如果明确了这里的浪形结构，很容易看出这一点。但由于内部细分结构相对比较复杂，我们只能大致作一下标识。

图 2–91　上证指数日线，浪 B–ⓑ–（b）–a 的细分结构

浪 B–ⓑ–（b）–b 的九浪三角形结构如图 2–92 所示，1849.65 点创出的新低非常具有迷惑性，但如果浪 b 作为上升中途的整理区，经常会有创出新高的表现，那么在浪 a 顺势调整后，浪 b 给出新低也不难理解。

图 2–92　上证指数日线，浪 B–ⓑ–（b）–b 的九浪三角形结构简单波浪计数

图 2–93 中，九浪三角形中的浪 a 是一个平台形调整浪，因为其内部结构是典型的 3–3–5 模式，尽管外形看起来像锯齿形调整浪。我们还可以将其视为双重锯齿形调整浪，因为其中的浪 a–a 的 5–3–5 结构非常清晰，如果不想破坏平台形调整浪的整体形象，双重三浪的考虑比较折中。如果把浪 a–a 硬性划分成五浪结构也勉强可以，但 2 复杂 4 简单的外形，也许不能称得上正确的外表。

图 2–93　上证指数日线，九浪三角形中浪 a 的细分结构

如图 2–94 所示，九浪三角形中浪 b 和浪 c 的界线划分在什么地方都有一定道理。我们选择了一种相对简单的划分逻辑，把浪 b 看成一个平台形调整浪，把浪 c 看成一个锯齿形调整浪。把浪 b 设计成在图中 b–a 位置结束，然后把浪 c 看成在浪 c–b 位置新高的考虑也是可行的。

图 2–94　上证指数日线，九浪三角形中浪 b 和浪 c 的细分结构

图 2–95 中，九浪三角形中的浪 d 和浪 e 都很有特点，尤其是浪 d，因为其内部的浪 d–b 破新低至 1974.38 点，更增加了此位置整理区间的迷惑性，但其内部结构的 3–3–5 模式，让我们可以认定形成了一个顺势平台形调整

浪。在浪e中，浪e–a出现了延长，也使得这个锯齿形调整浪不那么容易被识别。

图2–95　上证指数日线，九浪三角形中的浪d和浪e的细分结构

普通三角形走到浪e就可以完成了，但九浪三角形，应该属于三角形的延长模式，所以还会增加4个浪：浪f、浪g、浪h、浪i。按艾略特说法，这是因为浪e也是一个三角形调整浪，我们划定的浪e、浪f、浪g、浪h、浪i，可以在整体上看作是浪e。从浪f开始，波幅减小，持续时间也在缩短。图2–96中，从本段走势中每个段落持续的时间对比看，这个说法是有道理的。

图2–96　上证指数日线，九浪三角形中的浪e之后的细分结构

见图2–97，当我们能够确定浪B–ⓑ–（b）–b为九浪三角形之后，浪B–ⓑ–（b）–c的五浪上升结构就会非常清晰地呈现在我们眼前。

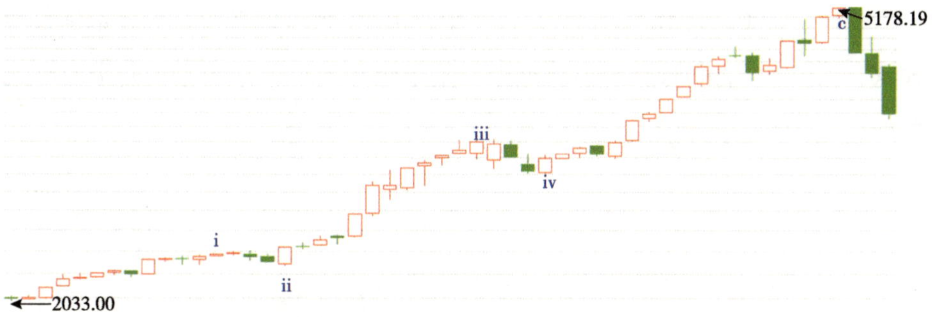

图 2-97　上证指数日线，浪 B-ⓑ-（b）-c 的五浪上升结构

图 2-98 中，浪 B-ⓑ-（b）-c 中的浪 i 和浪 ii 结构简单清晰。

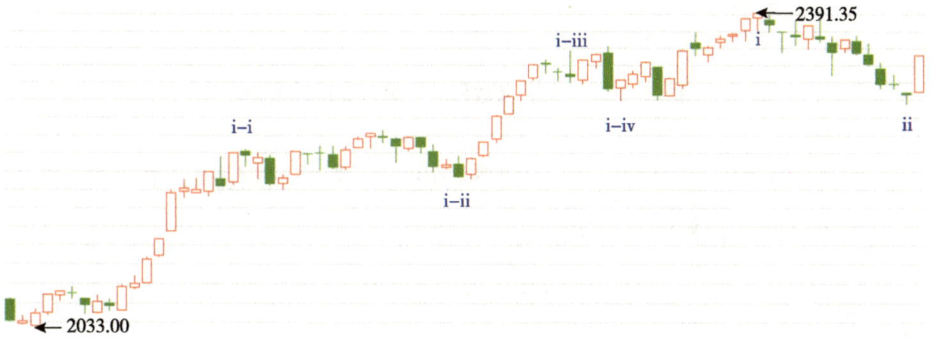

图 2-98　上证指数日线，浪 i 和浪 ii 的细分结构

图 2-99 中，浪 B-ⓑ-（b）-c 中的浪 iii 和浪 iv 结构也并不复杂，其中浪 iii 出现了延长。

图 2-99　上证指数日线，浪 iii 和浪 iv 的细分结构

见图 2-100，浪 B-ⓑ-（b）-c-v 中，浪 v-ⅲ可以看作是无界定延长的模式，浪 v-ⅳ是顺势平台形调整浪，整个走势的五浪结构也是非常明晰无疑的。

图 2-100　上证指数日线，浪 v 的细分结构

图 2-101 中，浪 B-ⓑ-（c）段下行也是分成了三浪结构，其中浪 a 为锯齿形调整浪，浪 b 为平台形调整浪。

图 2-101　上证指数日线，浪 B-ⓑ-（c）的简单波浪计数

图 2-102 中，浪 B-ⓑ-（c）-a 的锯齿形调整浪中，浪 B-ⓑ-（c）-a-b 为顺势三角形调整浪，无论形态如何隐蔽，都可看出调整浪给予了净回撤。

图 2-103 中，浪 B-ⓑ-（c）-b 为典型的顺势平台形调整浪，其中浪 B-ⓑ-（c）-b-c 为终结倾斜三角形。

图 2–102　上证指数日线，浪 B-ⓑ-（c）-a 的细分结构

图 2–103　上证指数日线，浪 B-ⓑ-（c）-b 的简单波浪计数

图 2–104 中，浪 B-ⓑ-（c）-b-a 与浪 B-ⓑ-（c）-b-b 均为平台形调整浪，浪 c 延长。

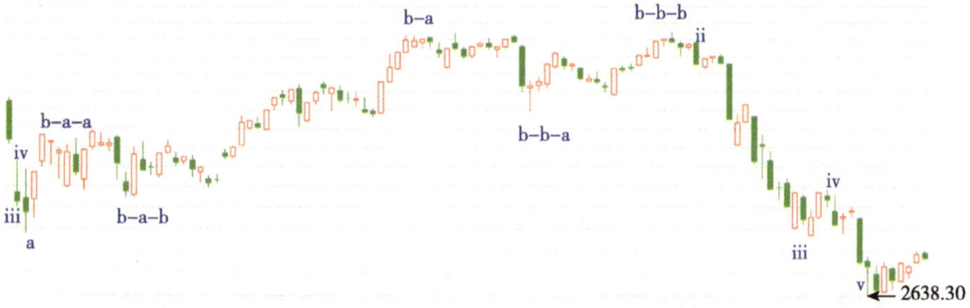

图 2–104　上证指数日线，浪 B-ⓑ-（c）-b-a 与浪 B-ⓑ-（c）-b-b 的细分结构

图 2-105 中，浪 B-ⓑ-（c）-b-c 虽然持续时间长达两年，但整体反弹幅度较小，内部细分结构为 3-3-3-3-3，定义为终结倾斜三角形。

图 2-105 上证指数日线，浪 B-ⓑ-（c）-b-c 的简单波浪计数

其细分结构如图 2-106 及图 2-107 所示。

图 2-106 上证指数日线，浪 B-ⓑ-（c）-b-c 的细分结构前半部分

图 2-107 上证指数日线，浪 B-ⓑ-（c）-b-c 的细分结构后半部分

其后浪 B-ⓑ-（c）-c 结构相对简单，如图 2-108 所示。

图 2-108　上证指数日线，浪 B-ⓑ-（c）-c 的简单波浪计数

图 2-109 中，从 2449.20 点开始，上证指数进入了浪 B-ⓑ-（d）反弹阶段。预计这个浪（d）反弹仍以三浪方式运行。其中浪 B-ⓑ-（d）-a 走势已完整，为扩散平台形调整浪。

图 2-109　上证指数日线，浪 B-ⓑ-（d）-a 的简单波浪计数

如图 2-109 所示，浪 a 段暂按引导倾斜三角形判断，浪 b 为 5-3-5 结构的锯齿形调整浪，浪 c 中的浪 3 延长，浪 4 为收敛平台形调整浪，浪 5 于 3288.45 点结束。我们现在还没能看到其后的浪 B-ⓑ-（d）-b 的全貌，但从运行到 7 月底这一阶段的走势来预计，浪 B-ⓑ-（d）可能的走势大致如图 2-110 所示。

其中，浪B-ⓑ-（d）-b仍在运行中，尚未结束，我们可以尝试估计一下细化浪形，如图2-111所示。

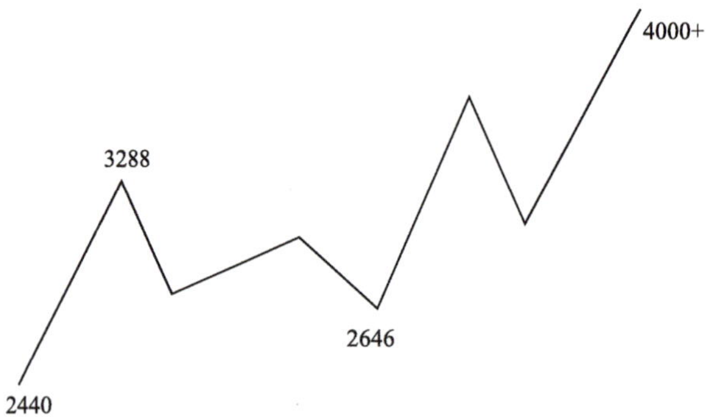

图2-110 浪B-ⓑ-（d）可能的走势简化表达

图2-111 上证指数日线，浪B-ⓑ-（d）-b正在运行部分的简单波浪计数

浪B-ⓑ-（d）-b-a为锯齿形调整浪，呈5-3-5结构。其中浪B-ⓑ-（d）-b-a-b为扩散三角形调整浪，见图2-112。一般来说，这种难以细分的结构，直接按双重三浪处理就可以了。但这样做的结果是，我们可能会在后面的波浪段落中无法准确地把握波段运动细节，只能简单地按正确的外表来进行估计。之后浪B-ⓑ-（d）-b-a-c较为简单。

图 2–112 上证指数日线，浪 B–ⓑ–（d）–b–a–b 与浪 B–ⓑ–（d）–b–a–c 的简单波浪计数

接下来的浪 B–ⓑ–（d）–b–b 截至本书发稿时仍在运行中，如图 2–113 所示。我们预计其为扩散平台形调整浪，其中的浪 c–1 为引导倾斜三角形，同时浪 c–1–1 也是引导倾斜三角形。如果把浪 c–1–1 视为浪 c–1 也是可以的，这时，图中标示的浪 1–3，就可以看成浪 3–1；浪 1–5 就可以看成浪 3–3–1。由于接下来的浪形细节尚未得知，我们暂时按图 2–113 所示的标示。

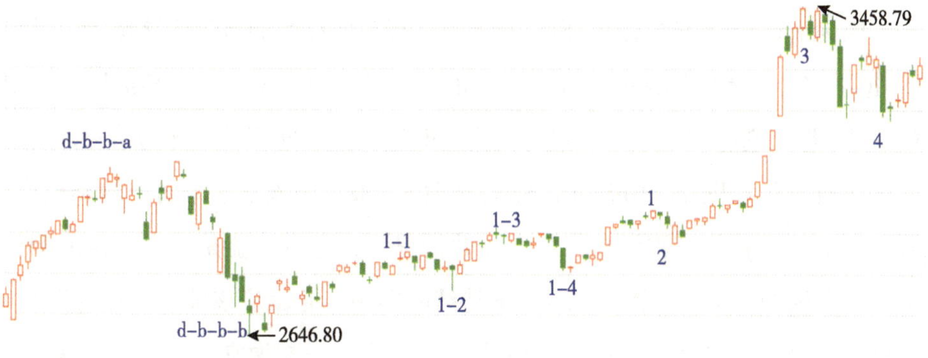

图 2–113 上证指数日线，浪 B–ⓑ–（d）–b–b 正在运行部分的细分结构

第二章
未来行情展望

原本波浪理论的任务是刻画和描述市场运行的状态和阶段。预测属于衍生品的一种，并具有鲜明的主观色彩。然而，现实生活的需求，导致这种衍生品成了必需品。预测行情从来都是风险很大的事情，然而波浪理论研究人员却不得不为了迎合大众而展示种种假设。在本书结尾，笔者也不能免俗，想试着对上证指数做出一个稍微具体的预测，就当抛砖引玉吧！

因为上证指数正在浪 B-ⓑ-（d）中运行，所以我们首先应该预计一下浪 B-ⓑ-（d）大体应该是一个什么样的情形，如果说这是一个三角形调整浪中的浪 d，那么它应该是一个三浪的模式，即呈反弹—回调—反弹的结构，其大致的运行态势如图 2-110 所示。然后是浪 e，浪 e 应该是一个向下的调整浪，我们一般将之视为三浪结构，但在少数情况下，它也可能是一个三角形调整浪，即所说的五浪变九浪，如果浪 e 持续时间短，它就应该按三浪走。当浪 e 调整走完以后，浪 B- ⓒ段的反弹浪就该出场了——按说它应该是一个爆炸性的上升浪，因为浪 B-ⓑ作为三角形调整浪，蓄势整理时间已经超过了十年，所以我们有理由看高浪 B-ⓑ的上升。以上，我们从波浪结构上做了这些判断，那么从幅度上，我们也不妨进行一下预估：希望读者不要对预测点位过于纠结，当成茶余饭后的谈资就好了。

（1）浪 B-ⓑ-（d）完成时的点位：3288+（3288−2440）=4136（点）。

（2）浪 B-ⓑ-（e）回调幅度按 1050 点预计，最终点位为 4136−1050=3086（点）。

（3）浪 B-ⓒ高度预计：2245 ÷ 325=6.9076，6124 ÷ 998=6.1362。则 1664 × 6.1362=10210，1664 × 6.9076=11494。预计浪 B-ⓒ反弹高度将到达 10000~12000 点。

后 记

本书至此即告结束，坚持读完全书的朋友，应当对波浪理论有了一定程度的了解和认识。的确，波浪理论更多是对价格的一种特征性刻画，其以点位选取为前提，但又超出了点位的选取，因而被视为市场趋势的印证者。预测点位而不纠结于点位，研究市场而不陷入市场——作为笔者多年研究之心血，期待这本书能为读者朋友们在A股市场乘风破浪提供助力。

本书在撰写过程中参考了《市场行为的关键》《艾略特名著集》《应用艾略特波浪理论获利》，在此，对以上图书的作者一并表示感谢。

马 欣

2020年7月31日于雅园